普通高校五人制足球教学训练与实践

赵歆翟 ◎ 著

版权所有　翻印必究

图书在版编目（CIP）数据

普通高校五人制足球教学训练与实践／赵歆翟著．
广州：中山大学出版社，2024.12．-- ISBN 978-7-306-08229-9

I. G843.2

中国国家版本馆 CIP 数据核字第 2024D04N44 号

PUTONG GAOXIAO WURENZHI ZUQIU JIAOXUE XUNLIAN YU SHIJIAN

出 版 人：	王天琪
策划编辑：	张　蕊
责任编辑：	张　蕊
封面设计：	周美玲
责任校对：	陈　颖
责任技编：	靳晓虹
出版发行：	中山大学出版社
电　　话：	编辑部 020-84111997，84110283，84113349
	发行部 020-84111998，84111981，84111160
地　　址：	广州市新港西路 135 号
邮　　编：	510275　　　传　真：020-84036565
网　　址：	http://www.zsup.com.cn　E-mail:zdcbs@mail.sysu.edu.cn
印 刷 者：	广东虎彩云印刷有限公司
规　　格：	787mm×1092mm　1/16　11.75 印张　215 千字
版次印次：	2024 年 12 月第 1 版　2024 年 12 月第 1 次印刷
定　　价：	58.00 元

如发现本书因印装质量影响阅读，请与出版社发行部联系调换

目 录

绪 论 ·· 1
 一、背景 ··· 1
 二、国内外现状 ·· 1
 三、培养目标 ·· 2
 四、创新亮点 ·· 2
 五、五人制足球对十一人制足球人才培养方面的迁移作用 ········ 3
 六、高校五人制足球的概况与发展 ·· 6
 七、高校足球运动的开展对学生的影响 ································· 13

第一章　五人制足球运动的介绍与发展 ·································· 17
 一、五人制足球简介 ··· 17
 二、国际五人制足球发展历程 ··· 17
 三、中国五人制足球发展历程 ··· 21
 四、女子五人制足球发展历程 ··· 22

第二章　五人制足球比赛规则诠释 ·· 24
 一、队员 ·· 24
 二、替补队员 ·· 24
 三、最少队员人数 ··· 24
 四、饮水 ·· 25
 五、被罚令出场的队员 ··· 25
 六、同时发生一个以上的违规 ··· 25

七、比赛进行中的 4 秒计时 ································ 25

八、比赛时间 ······································ 26

九、比赛开始与恢复 ································ 26

十、五人制足球术语 ································ 30

十一、裁判员及其他比赛官员 ························ 31

第三章 室内五人制足球比赛规则 ·················· 32

一、比赛场地 ······································ 32

二、足球 ·· 36

三、队员 ·· 36

四、球员装备 ······································ 39

五、裁判员 ·· 40

六、比赛时间 ······································ 42

七、比赛开始与恢复 ································ 44

八、比赛进行及停止 ································ 45

九、确定比赛结果 ·································· 46

十、越位 ·· 47

十一、五人制足球的犯规与不正当行为 ················ 47

十二、任意球 ······································ 49

十三、罚球点球 ···································· 50

十四、踢界外球 ···································· 51

十五、守门员发球 ·································· 52

十六、角球 ·· 53

十七、五人制足球裁判特殊手势 ······················ 54

第四章 五人制足球的特点 ························ 56

一、高频率触球与传接技术 ·························· 56

二、高强度射门与得分优势 ·························· 56

三、快节奏攻防转换 ································ 56

四、高对抗下的决策能力 ···························· 57

五、灵活规则与战术多样性 ·························· 57

第五章　五人制足球的基本技术及训练方法 ………………… 58
一、传球技术 ……………………………………………… 58
二、运球技术 ……………………………………………… 63
三、控球、接球技术 ……………………………………… 65
四、射门技术 ……………………………………………… 68
五、头顶球技术 …………………………………………… 77
六、无球跑动方法 ………………………………………… 78
七、抢断球技术 …………………………………………… 80
八、守门员技术 …………………………………………… 82

第六章　如何组织一堂课 ………………………………………… 99
一、训练课的前期准备 …………………………………… 99
二、练习设计与执行要点 ………………………………… 99
三、训练器材的配置与管理 ……………………………… 100
四、训练计划的标识与图示 ……………………………… 100

第七章　五人制足球战术介绍 …………………………………… 101
一、个人进攻战术行为 …………………………………… 102
二、两人进攻战术行为 …………………………………… 105
三、三人进攻战术行为 …………………………………… 110

第八章　五人制足球攻防阵型战术特点 ………………………… 114
一、进攻阵型 ……………………………………………… 114
二、防守阵型 ……………………………………………… 122
三、功能训练方法 ………………………………………… 125
四、比赛的三个时刻 ……………………………………… 128
五、定位球阵型 …………………………………………… 139
六、界外球战术 …………………………………………… 140
七、角球战术 ……………………………………………… 144
八、任意球战术 …………………………………………… 148
九、反击战术 ……………………………………………… 150

第九章　五人制足球体能训练特点　154
　　一、体能的准备　154
　　二、肌肉放松与恢复　162
　　三、泡沫轴的放松方法　164
　　四、平衡稳定性练习　167
　　五、灵敏性练习　170

第十章　足球运动员常见运动损伤的处理方式与预防　172
　　一、常见的运动损伤及处理方式　172
　　二、常见的运动性病症及处理方式　176
　　三、运动损伤的预防　177

参考文献　179

绪 论

一、背景

近年来,教育部和国家体育总局相继出台了一系列政策文件,旨在推动校园足球和五人制足球的发展。2015年《中国足球改革发展总体方案》提出,到2020年,全国足球特色学校达2万所;2021年教育部和国家体育总局联合发布《关于进一步加强学校体育工作的意见》,明确指出,要全面推进足球进校园,鼓励开展五人制足球等多样化的足球活动。这些政策文件为五人制足球在学校体育教育中的推广提供了政策保障和发展机遇。

五人制足球(futsal)起源于20世纪30年代的南美洲,是一种场地较小、球员人数较少的足球运动形式。五人制足球由于对场地要求较低、比赛节奏快、技术要求高,逐渐在全球范围内得到推广和普及。随着中国足球改革的深入推进,五人制足球在我国也迅速发展,成为学校、社区和专业俱乐部中一项重要的体育运动。

二、国内外现状

国内外关于五人制足球的研究主要集中在技战术分析、训练方法、比赛规则等方面。国外学者在五人制足球训练理论和实践方面已经形成了较为系统的研究成果,如巴西和西班牙等足球强国在五人制足球训练中的成功经验。国内对五人制足球的研究起步较晚,但随着校园足球的推广和五人制足球比赛的增多,越来越多的学者和教练员开始关注这一领域。

尽管如此,当前我国在五人制足球训练与教学方面的研究仍存在一些不足。一是研究内容较为分散,缺乏系统性和全面性;二是实践经验不足,理论与实践结合不够紧密;三是缺乏适合我国国情的五人制足球训练与教学模式。因此,有必要结合国内外的研究成果，深入探讨适合我国青少年特点的五人制足球训练与教学方法。

三、培养目标

（1）提高学生的身体素质和足球技能。通过科学的训练和教学方法，学生在五人制足球运动中能够全面发展身体素质、掌握足球基本技能，为其足球生涯打下坚实基础。

（2）培养团队合作和竞争意识。五人制足球强调团队合作与战术配合，通过训练和比赛，学生能够学会如何在团队中合作，增强集体荣誉感和竞争意识。

（3）促进学校体育教育发展。五人制足球作为校园足球的重要组成部分，能够丰富学校体育课程内容，激发学生参与体育运动的积极性，推动学校体育教育的全面发展。

（4）提升教练员和教师的专业素养。系统研究和推广五人制足球的训练与教学方法，有助于提高教练员和体育教师的专业水平，促使他们在教学实践中不断创新和发展。

（5）落实国家政策精神。贯彻落实教育部和国家体育总局的相关政策文件精神，推动校园足球和五人制足球的发展，助力实现《中国足球改革发展总体方案》中提出的目标。

四、创新亮点

本书的创新点在于将五人制足球的理论研究与实践教学相结合，提出适合我国国情的普通高校五人制足球训练与教学模式。同时，通过对教练员和教师的培训，建立一支专业化、职业化的五人制足球教练队伍，为我国五人制足球的发展提供人才保障。

本书旨在通过简单易懂的语言，论述五人制足球的相关基础技术的理论要点和易于推广的训练课程设计，能够在高校学生间发展五人制足球，吸引更多的学生加入这个项目，不仅可以提高参与学生的体质健康水平，同时也为培养更多不同足球项目的专业运动员打下基础。

五人制足球在我国具有广阔的发展前景。通过本书由浅入深的理论逻辑梳理与实践经验的凝练，希望将五人制足球的训练与教学水平提升到一个新的高度和视角，为我国青少年体育发展和足球事业的腾飞注入新的活力。

五、 五人制足球对十一人制足球人才培养方面的迁移作用

由于多方面的原因，我国青少年足球球员与国外足球发达国家同年龄段的足球球员相比，存在着技战术水平低、场上对抗性能力差、足球意识薄弱、竞技实力差距大等问题。其中，作为小场地足球代表的五人制足球存在着项目发展的缺失，没有得到应有的重视以及正确的指引。长期以来，我国的青少年训练多以十一人制足球的技战术为主要训练目标，逐渐形成了我国青少年足球运动员在基本技术方面表现较粗糙、战术意识简练、比赛规则意识淡薄、球员自信心不足等问题。相较于十一人制足球，五人制足球具有场地小、受天气影响少、换人自由、球员接触球次数多、对抗激烈等特点，球员之间的配合需要更有默契，球员在技术环节上需要更精细，把握得分机会的意识和在局部争抢中制胜的能力更加强，以及转换攻防节奏更快速。

（一）提高球员的基础技术水平

相较于十一人制足球，五人制足球球员的触球频率显著增加。这种频繁的触球为球员在传球、接球、控球和射门等技术方面提供了更丰富的训练机会。此外，这种高频率的触球不仅有助于提高青少年球员对足球运动的兴趣，也有助于提升他们对足球的感知和控制能力。在五人制足球中，不同位置的球员需要更细致和均衡地运用各项技术，这与十一人制足球相比，对于球员在各项基本技术方面的均衡发展有更高的要求。球员在不同位置上的多样化技术运用，有助于他们全面掌握足球运动所需的各项技能，从而在足球运动中取得更好的成绩。

（二）锻炼球员的心理素质

心理素质是先天和后天的结合，也是情绪内核的外在表现。心理素质表现为个体应对压力时的反应和策略。具备良好心理素质的人能够在压力下保持冷静，并运用合适的策略解决问题，避免过度焦虑与恐慌。心理素质差是球员在赛场上不能正常发挥的主要原因。因此，应提升球员自我认知和自我调节的能

力，通过成功的案例不断提高其自信心和自我效能感。在五人制足球比赛中，会经常出现两到三人同时围抢的情况。这时候，球员想要合理地处理场上的局面，做到不丢球，除了要有过硬的控球技术之外，还要有强大的心理素质。球员通过高标准、高强度的练习，久而久之习惯了在五人制足球的狭小空间里面对这样高强度的逼抢，能够做到合理应对、不慌乱、从容不迫，那么，在更大的空间范围内面对同样的情况就能更轻松地应对，更游刃有余。成功应对危机，同时也培养了球员的自信心，球员在比赛中也会发挥得更出色。

（三）规范球员的竞技行为

在五人制足球比赛中，由于存在累计犯规制度，球员犯规的成本相对较高。球员在场上的犯规行为，不仅会导致控球权的丧失，还会增加球队的累计犯规次数。当累计犯规次数达规定的限制时，将面临点球的惩罚。因此，频繁利用犯规来破坏对方进攻的策略在五人制足球中是不合理的。如果犯规行为过于频繁，甚至导致球员收到红牌、黄牌，这不仅对球员个人有影响，也会对球队造成不利的影响。为了不犯规，并有效破坏对方的进攻，同时增强本队的进攻力度，球员需要具备较高的技术水平。此外，教练和球员还需要深入理解五人制足球的规则特点，制定出合理的战术，以确保比赛的顺利进行和团队战术的有效执行。

（四）培养球员关键区域和关键球的处理能力

由于靠近禁区和禁区内的地方距离球门最近，双方在这个区域内对每一次进攻和防守的处理都很重要，这往往直接影响得失分，因此，这个区域也被叫作关键区域，而这些影响得失分的球则被叫作关键球。五人制足球的场地狭小，从后场直接组织进攻到前场的时间很短，甚至有可能瞬间进球得分，因此，处理球的时候要更为谨慎，在关键区域和对关键球采用轻松从容的处理方式也就更容易导向有希望的局面。

（五）培养球员敏捷的思维和随机应变的能力

一名优秀的球员一定要具备快速敏捷的思维和随机应变的能力，能够快速判断场上的局势并作出选择。五人制足球比赛狭窄的场地很容易让持球球员近距离面对多人的逼抢防守，这时候没有更多时间去思考，必须马上作出判断和选择，而球员在这一瞬间对球处理的结果往往能改变比赛的进程，甚至影响比赛的结果；而且五人制足球的比赛节奏较快，双方总是处于短兵相接的过程中，球员必须在观察的瞬间进行快速分析，然后作出正确的判断和合理的选择，最后果断地进行处理，才能跟得上比赛的节奏；同时，五人制足球比赛规则限制了球员恢复比赛的时间，发球只有4秒钟的时间，如果超过时间则换为对方发球，这导致比赛中停顿的时间减少，因此，球员在比赛过程中必须不断地思考来应对场上变化的局势，这锻炼了球员的思维能力和快速应变能力。

（六）培养球员良好的比赛意识

一名优秀的球员还需要有良好的比赛意识。比赛意识不仅包括对场上节奏转换的把控，还包括对空间的利用等。五人制足球的攻防转换节奏很快，需要球员根据球权转换的情况及时作出调整。因为五人制足球场上人数本就少于十一人制足球，进攻时若有球员不积极参与，更会减少进攻的人数和可供选择的传球位点，这样，以少打多的情况使进攻的力量变得薄弱，进攻难度也就随之增加；同样地，若有球员在场上不积极回防，必然会造成面对快速反击时不得不以少防多的情况，增加了防守难度。因此，每名在场球员都需要迅速对场上形势作出反应，积极参与进攻和防守，跑动的范围需要更大，速度需要更快，保证有足够的人数去进攻或防守。带球突破在狭小的五人制足球场上较为困难，通常需要积极地跑动和传接球进行空间上的转移，并且只有高质量的传接球才能突破对手的防线，因此，球员们对空间的利用就显得格外重要。球员传球时选择的方向、角度，接球时合适、精妙的跑位是完成高质量传接球的关键，这体现了球员对空间的观察、创造和想象能力。通过五人制足球的锻炼，可以培养球员良好的"阅读"比赛意识，逐渐将其变为在场上的本能反应。

（七）提升球员对足球战术的学习和理解

五人制足球场上人数较少，战术安排相对于十一人制足球要复杂许多，有更多、更细致的要求，这有利于提升球员对足球战术的学习和理解。加上五人制足球比赛规则有一特殊之处，即不存在越位，十一人制足球比赛中这一重要且复杂的概念在五人制中被抹去，因此，五人制足球比赛中可以安排的战术有多变性。当球员学习足球、理解战术时，也应从简单向困难过渡。若熟练掌握了五人制战术，再向八人制足球、十一人制足球过渡也就更加容易。此外，五人制足球中的小范围战术训练也为十一人制足球局部地区的攻防问题提供了解决方案，这对于弥补我国球员严重缺乏局部对抗时合理处理球的能力有着不可替代的作用。

（八）沟通与团队协作的重要性

足球是一项集体性的运动，每个人在比赛过程中都有着自己的观察和思考，需要和队友在比赛场上随时进行沟通，让队友知道自己的想法；反之，自己也需要从他人身上获取信息，从而使战术能充分地得到施展。因此，在场上的相互交流就显得尤为重要。狭小的五人制场地不仅压缩了和对手之间的拼抢距离，也缩短了队员彼此之间的距离，所以，声音、手势等提醒和沟通方式更容易传达，更经常被使用，这促使球员养成在比赛中善于和同伴进行沟通的习惯。

六、 高校五人制足球的概况与发展

（一）校园足球的发展背景

"校园足球"以小学为起跑线，将足球（包括足球文化、足球技能、足球训练等）引入教学，以培养青少年的足球兴趣为重点，让学生在快乐足球中强身健体、锻炼意志品质，在发挥个人天赋的同时培养团队合作意识和顽强拼搏的精神。"校园足球"活动是扩大我国足球人口规模、夯实足球人才根基和推进学校体育改革的基础工程，对于推动全国亿万学生阳光体育运动的深入开展、丰富校园体育活动形式具有重要的促进作用，并与我国未来的足球事业密切相关。

1. 青少年高校学生的体质健康状况不乐观

青少年作为我国的未来、民族的希望，是社会主义现代化事业的建设者和接班人。青少年的体质状况不仅和个人的成长和生活密切相关，还与国家未来的发展速度、高度息息相关。2014年全国学生体质与健康调研结果显示，与2010年相比，我国学生体质与健康水平总体情况有所改善。2014年，我国城乡学生身体形态发育水平和肺活量呈上升趋势，营养不良检出率进一步下降。乡村小学生蛔虫感染率持续降低。中小学生身体素质总体呈现了稳中向好的趋势。但是，高校学生身体素质却呈下降趋势。高校学生的视力不良检出率仍然居高不下，视力问题还呈现出了低龄化倾向，且各年龄段学生肥胖检出率持续上升。高校学生代表的是一个国家的可持续发展的实力和潜力，我国高校学生的体质状况仍不乐观。

因此，教育部、国家体育总局和共青团中央于 2015 年 3 月 10 日联合发布了《关于开展全国亿万学生阳光体育运动的决定》，在全国亿万学生中掀起群众性体育锻炼的热潮，切实提高学生体质健康水平。中共中央国务院于 2016 年 5 月 6 日发布了《关于强化学校体育促进学生身心健康全面发展的意见》，明确提到要以"天天锻炼、健康成长、终身受益"为目标，改革创新体制机制，全面提升体育教育质量，健全学生人格品质，切实发挥体育在培育和践行社会主义核心价值观、推进素质教育中的综合作用，培养德智体美劳全面发展的社会主义建设者和接班人。

2. 青少年足球后备人才匮乏

足球被誉为世界第一运动，在我国也具有悠久的历史和广泛的影响力。振兴和发展足球运动，不仅可以提高国民的体质健康水平，强化中华民族的凝聚力，还可以托起中国体育强国梦。但是，近年来我国足球的竞技水平不断下降，难以满足人们日益增长的足球发展需求。尤其是青少年足球人才匮乏，成了制约我国足球可持续发展的关键因素。国家体育总局局长刘鹏同志在 2010 年校园足球工作座谈会上表示"中国足球的现状令全国人民很不满意"，并对产生这些问题的原因进行深刻反省。青少年足球的基础薄弱，青少年足球后备人才匮乏，就是中国足球水平低下的主要原因。相关调查显示，1990—1995 年，中国青少年足球运动员的数量为 65 万人；1995—2000 年，青少年球员的数量下滑至 61 万人；2000—2005 年，降至 18 万人；2008 年，在中国足协正式注册的青少年球员数量仅为 6772 人。传统的足球强国，如德国、日本等，之所以能够保持着较为稳定的竞争力，均得益于他们完善的青少年足球后备人才培养体系。据报道，在过去 10 年，德国足球协会已累计投入约 5 亿欧元开展青少年训练，德国 11—14 岁的青年球员超过 30 万人次，每年约 1.4 万人次经过选拔，进入精英足球学校或俱乐部青训中心继续深造。日本小学约有 1 万支足球队，中学约有 8000 支，高中约有 6000 支，注册球员约 60 万人。日本足协和教育部每年举行全国范围的大赛，如一年一度的日本高中足球锦标赛，已举办了一百余届。这些全国范围内的比赛，日本全国 1 万多所小学和 1 万多所中学一起动员起来，日本青年球员每年可参加约 50 场，比如顶级球星本田圭佑就是从学校体育联盟中走出来的。而我国由于青少年足球后备人才培养体系不完善，导致国家队后备力量不足，有着扎实足球基础的球员少之又少。根据国际会计和咨询公司发布的指数，从经济学的角度对足球的成功方法进行了一些研究。结果显示，球员的数量和球员对足球的兴趣是在世界杯上取得成功的关键因素，其中，注册球员数量的因素对成绩的影响占比超 50%。德国拥有 600 万的青少年注册球员，可见，位居世界第一的德国队在 2014 年世界杯上能夺冠绝非偶然。德国、日本等足球强国的成功实践证明了校园足球是扩大本国足球人口、培养青少年足球后备人才的主要途径。因此，高度重视校园足球发展、构建合理的青少年足球后备人才培养体系，对提升我国足球竞技水平具有重要作用。

鉴于以上两方面原因，教育部等6部门在2015年7月27日联合发布了《关于加快发展青少年校园足球的实施意见》，明确提出：到2020年，要基本建成符合人才成长规律、青少年广泛参与、运动水平持续提升、体制机制充满活力、基础条件保障有力、文化氛围蓬勃向上的中国特色青少年校园足球发展体系；各级各类学校普遍开展足球运动，学生广泛参与足球活动，校园足球人口显著增加，学生身体素质、技术能力和意志品质明显提高，形成因材施教的青少年校园足球教学体系；形成赛事丰富、赛制稳定和赛纪严明的有利于大批品学兼优的青少年足球人才脱颖而出的培养体系；形成内容丰富、形式多样的校园足球竞赛体系；场地设施和运动安全管理更加完善，财政资金和社会资本多元投入，形成青少年校园足球持续发展保障体系等。

（二）青少年五人制足球发展现况

我国五人制足球发展经历了漫长的过程，虽然目前建立的各级各类五人制足球竞赛体系日渐完善，五人制足球人才开发模式正在稳步推进，五人制足球的国际交流趋于广泛，但目前青少年五人制足球的发展情况仍不乐观。

我国缺乏正式的青少年组的五人制足球赛事。我国五人制足球赛事主要以"五超""五甲"、大学生联赛、业余联赛和足协杯等成人赛为主，竞赛的种类单一，缺乏青少年比赛。同时，许多地区的女子五人制足球也处于起步阶段，仅在大学生之间和中小学内开展过为数不多的比赛，而国内部分国家级、省级、市级赛事也刚刚起步，发展缓慢。相比之下，巴西五人制足球竞赛按参与对象分为成人男子、女子和青少年，其中，青少年竞赛分为U-20、U-17和U-15三个等级，层次分明。在日本，青少年五人制足球赛事从U-15到U-19每个年龄段都有五人制足球联赛，且女子五人制足球也分为U-17、U-18、U-20、U-23四个等级联赛，青少年五人制足球竞赛体系也十分完备。

在我国目前的青少年训练体系下，球员的战术训练基本上是从15岁才开始的，而且是以十一人制足球为主，忽视了小场地训练。在巴西、荷兰、日本等五人制足球强国，青少年在12—15岁年龄段就开始了技术训练和对新技术动作的学习，教学内容以战术和身体协调性训练为主，提升运动员的战术水平与执行能力。由此可见，我国在小场地战术训练方面存在着严重的内容缺失和阶段错位。

五人制足球发展存在着地区发展不平衡、资源不足等问题，同样困扰着青少年足球运动的推广和活动开展。一是受地域、经济发展、场地、基础设施和组织管理等多方面因素的影响和限制。我国的体育活动场所不足、分布不均衡，使各地区发展不平衡，很多乡村基层地区的校园五人制足球发展落后。二是缺乏科学系统的研究和应用体系。国内五人制足球系统理论建设尚不完备，理论研究较为滞后，未能形成适合我国的理论汇总指南作为引导五人制足球发展的根本方针。三是人才管理模式不完善。我国五人制足球职业化尚未成熟，许多优秀球员在大学毕业时即面临升学、就业和生活的压力，不得不放弃运动生涯，导致五人制足球人才的流失。四是缺乏宣传推广的力度和方式。在当今网络发展的情况下，五人制足球的宣传和推广效果已经较之前可观，可是对比十一人制足球的大型比赛，仍然缺乏关注度和热点话题，也就无法吸引更多的青少年加入这个项目当中。

但在我国，青少年足球也有一些值得参考的模式，湖北大学的体教结合模式就是我国青少年校园足球成功的典范。湖北大学五人制足球队成立于2002年，先后获10次中国大学生五人制足球联赛冠军、2次全国五人制足球超级联赛冠军，还斩获了首届全国五人制足球锦标赛冠军、全国五人制足球甲级联赛冠军等一系列荣誉，成了中国男子五人制足球的"大满贯"球队；并且先后5次代表中国参加世界大学生五人制足球锦标赛，取得了中国队在这项赛事中的最好成绩。多年来，湖北大学五人制足球队为国家和社会培养、输送了许多人才，不仅有多名国家队成员来自湖北大学，五人制足球国家队的男女队主教练也是出身于湖北大学。湖北大学的成就，不仅来自球员坚持不懈的艰苦训练，更来自学校对球员文化教育的重视：球队的晨练项目不是体能训练，而是英语朗读；平时的首要任务是学习和上课，其次才是训练，每天球员除了两个小时的训练，其余时间需要到专业课堂上进行学习，若两者存在冲突，则一定以上课优先；如果球员在一个学期内有两门以上的课程不及格，就会被停止球队的训练和比赛。这样的体教结合模式使球员受益匪浅，不仅能提高球员的文化素养，也有利于提升他们的战术理解能力，还能调动球员训练和学习的主动性和积极性。同时，体教结合的模式给球员们的未来发展增加了筹码，球员们也会在升学和就业时展现出勤奋好学、坚韧不拔的精神，更能承受压力，因此，在各个领域上都能看到原湖北大学五人制足球球员的身影。由此可见，体教结合模式可能是我国青少年五人制足球未来发展的道路，须学习和借鉴其中的精华，进行修正和调整，再推广至全国。

（三）高校五人制足球比赛

1. 中国大学生五人制足球联赛

我国高校五人制足球赛事中最重要的就是中国大学生五人制足球联赛。

中国大学生五人制足球联赛（以下简称大五联赛），从2003年开始，至2024年已经举办了18届，比赛形式为省内选拔（每省各一支）、南北分区赛（各8支球队）、全国总决赛（南北分区各两支球队）。历届大五联赛的全国参赛高校多达200多所，是中国五人制足球史上参与范围最广泛、竞技水平最高、影响力最大、最具规格的大学生体育官方赛事。

第一届"李宁杯"中国大学生五人制足球联赛在2003年拉开帷幕，主办单位是教育部中国大学生体育协会，协办单位是中国足球协会和中央电视台，冠名赞助商是李宁（中国）体育用品有限公司。联赛从2003年10月至2004年7月在全国13个省、市（上海、广东、浙江、福建、湖南、湖北、北京、天津、辽宁、山东、浙江、江苏、四川）的26所高校举行，参赛高校达200余所，共有295支高校代表队和3425名运动员参加了各个阶段的比赛，比赛场次达500多场，现场观众超80万人次。经过9个月的激烈比拼，来自南大区的湖北大学、东华大学和中国人民大学，以及北大区的四川大学、沈阳工业大学和山东大学进入了全国总决赛，最终沈阳工业大学夺取了总冠军，四川大学和山东大学分获亚军和季军，湖北大学获第四名。

第二届"李宁杯"中国大学生五人制足球联赛首先在全国的14个省、市（北京、天津、上海、辽宁、山东、江苏、广东、湖南、湖北、陕西、四川、浙江、福建、云南）进行了地区选拔赛，各省、市冠军和上届冠军沈阳工业大学以及东道主东华大学再进行全国总决赛。最终东华大学夺得冠军，华南理工大学获得亚军，西南民族大学在点球大战中战胜北京理工大学获得季军。

第三届"李宁杯"中国大学生五人制足球联赛在2005年12月打响，本届联赛依然在全国14个赛区举办，分为省内预赛（含校内赛）、分区赛和全国总决赛3个阶段。各省的预赛冠军分为南北两个分区进行决赛，各分区前两名为进行主客场交叉淘汰赛的总决赛。最终，南区的前两名华南理工大学和湖北大学，与北区的前两名电子科技大学和山东大学会师全国总决赛。在总决赛中，湖北大学险胜山东大学，一扫前两届的阴霾，获该队历史上第一个"大五联赛"的冠军，在随后的6个赛季中，湖北大学连夺6届冠军，从而创下了七连冠的佳绩。

在2008—2009第六届中国大学生五人制足球联赛上，分省选拔赛代替了往年的南北区选拔赛，各省第一名参加全国总决赛，新的赛制沿用至今。同时，从 2011—2012 赛季起，特步集团有限公司开始独家为"大五联赛"冠名。

直到第十二届 2013—2014"特步"大学生五人制足球联赛上，北京体育大学才打破了湖北大学连冠的局面。该届联赛持续 8 个月，在全国 15 个省、市展开，超过 300 所高校参赛。最终，北京体育大学与湖北大学在总决赛中战成 8∶8 平局，而北京体育大学凭借总决赛首场在湖北大学 6∶4 的客场进球优势，最终获得"特步"大五联赛全国总冠军。北京体育大学从此强势崛起，并在接下来的 2 个赛季连续摘得桂冠。

2015—2016"特步"大五联赛的各项赛事数据均创新高，主要体现在：联赛覆盖全国 15 个省、市，吸引了近 300 所高校、5000 多名学生积极参与，拥有近百万人次的观众；除了联赛竞技水平突飞猛进以外，场地也配置了国际规格的运动装备，而网络直播等新传播形式的应用，也帮助联赛规格逐年升级。无论是竞技水平、赛事服务标准还是赛事推广能力，都在发展和改进中实现质的飞跃，"特步"大五联赛已成为校园足球的标杆赛事。本届大五联赛中，东华大学足球队一路以黑马姿态淘汰北京体育大学、上海工程技术大学等强队，强势冲进冠亚军争夺战并取得胜利，成了"特步"大五联赛的新科冠军，也成为继湖北大学、北京体育大学之后，第三支摘得"特步"大五联赛桂冠的球队。值得一提的是，上一次东华大学夺得大五联赛的冠军还要追溯到 2004—2005 第二届"李宁杯"大五联赛。同时，在该届联赛中，首次进入大区赛和总决赛阶段的青岛科技大学，以顽强的表现获得了亚军，成为该赛季"特步"大五联赛的最大赢家之一。

2016—2017 第六届"特步"大五联赛从 2016 年 12 月一直持续到 2017 年 6 月，该届联赛赛制进行了全新的改革升级，赛事运营加大投入，致力于在新的赛季实现赛事的全面突破，努力领跑校园足球运营水平。在总决赛中，"七冠王"湖北大学与"三冠王"北京体育大学狭路相逢，最终湖北大学战胜了北京体育大学，重夺冠军，第八次捧起大五联赛的冠军奖杯。

2018 卡尔美中国大学生五人制足球赛暨五人制足球啦啦队冠军赛全国总决赛在上海结束了争夺战，湖北大学与东道主上海工程技术大学经过两个小时的激战，最终，湖北大学以 3∶2 战胜上海工程技术大学，成功卫冕。随后，比赛因为疫情中断了，直到 2023 年才恢复举办。这次，湖北大学又在全国总决赛中拔得头筹，取得十冠王的成绩。

中国大学生五人制足球联赛是继全国大学生足球联赛之后举行的又一项高校足球赛事。大五联赛一直致力于促进中国大学生足球运动的发展，从而推动中国足球运动的普及与发展，是校园足球的金牌赛事。同时，大五联赛已成为国内规模、规格与影响力最大的五人制足球赛事，逐步成为高校体育运动中最受欢迎的赛事之一，并为中国足坛输送了大量优秀的运动员。同时，经过10余年的发展，如今的大五联赛已有15个赛区，近300支球队参加，竞争也更加激烈。在众多足球界专家学者眼中，五人制足球尤其是高校五人制足球，完全可以在校园足球乃至中国足球发展中承担更重要的角色。

2. 全国五人制足球青少年锦标赛

为扩大足球人口，进一步提升青少年足球的水平，推动五人制足球的发展，中国足球协会全国五人制足球青少年锦标赛始于2019年，是由国家体育总局指导、中国足球协会主办的全国最高水平的官方五人制足球青少年赛事。2019年，全国五人制足球锦标赛共设有3个男子组别和一个女子组别，分别是男子U-13、U-15、U-17，女子U-17。但因疫情等原因，全国五人制足球青少年锦标赛在举办了第一届后就暂停了，直到2022年才恢复举行。

2022年全国五人制足球锦标赛共设有7个组别，包括U-13、U-15、U-17的男子、女子组别和U-19的男子组别，共计57支队伍，约1140人参赛。

2022年全国五人制足球青少年锦标赛（男子U-15）于8月17—22日在浙江台州举办，来自全国各地共12支队伍参赛，深圳第二实验中学队夺得冠军。

2022年全国五人制足球青少年锦标赛（男子U-13）于8月23—28日在山东东营举办，来自全国各地共9支队伍参赛，长沙长体腾跃队夺得冠军。

2022年全国五人制足球青少年锦标赛（男子U-17）于9月20—22日在浙江嘉兴举办，来自全国各地共11支队伍参赛，杭州吴越钱唐队夺得冠军。

2022年全国五人制足球青少年锦标赛（女子U-17）于11月4—7日在广东肇庆举办，来自全国各地共8支队伍参赛，江门新会队夺得冠军。

2022年全国五人制足球青少年锦标赛（女子U-13）于11月16—19日在山东淄博举办，来自全国各地共8支队伍参赛，潍坊女足队夺得冠军。

2022年全国五人制足球青少年锦标赛（女子U-15）于11月28日—12月1日在河北张家口举办，来自全国各地共8支队伍参赛，陕西欢思科技队夺得冠军。

2022年全国五人制足球青少年锦标赛（男子U-19）于12月10—16日在河北廊坊举办，来自全国各地共9支队伍参赛，上海同济大学队夺得冠军。

2023年全国五人制足球锦标赛共设有8个组别，包括U-13、U-15、U-17、U-19的男子、女子组别，共计93支队伍，187场比赛，约1860人参赛。

2023年全国五人制足球青少年锦标赛（男子U-13）于4月29日—5月6日在山东淄博举办，来自全国各地的共14支队伍参赛，共计26场比赛。

2023年全国五人制足球青少年锦标赛（女子U-13）于8月26日—9月1

日在浙江宁波奉化举办，来自全国各地共9支队伍参赛，共计15场比赛。

2023年全国五人制足球青少年锦标赛（男子U-15）于7月14—20日在山东东营举办，来自全国各地共16支队伍参赛，共计32场比赛。

2023年全国五人制足球青少年锦标赛（女子U-15）于7月24—30日在广东佛山顺德举办，来自全国各地共10支队伍参赛，共计24场比赛。

2023年全国五人制足球青少年锦标赛（男子U-17）于8月19—24日在江西上饶婺源举办，来自全国各地共8支队伍参赛，共计16场比赛。

2023年全国五人制足球青少年锦标赛（女子U-17）于8月15—20日在浙江嘉兴举办，来自全国各地共8支队伍参赛，共计16场比赛。

2023年全国五人制足球青少年锦标赛（男子U-19）于11月16—24日在广东肇庆举办，来自全国各地共8支队伍参赛，共计20场比赛。

2023年全国五人制足球青少年锦标赛（女子U-19）于8月15—20日在山东日照举办，来自全国各地共6支队伍参赛，共计15场比赛。

七、 高校足球运动的开展对学生的影响

（一）提高学生身体素质和健康水平

足球运动是对抗性较强的竞赛项目，对基本身体素质的要求较高，需要运动员拥有足够强大的心肺能力、良好的耐力、灵活控制身体重心及改变步伐的能力、对抗中的力量素质和柔韧素质等。参与足球运动能在一定程度上提高和改善学生的身体素质，促进学生身心的健康发展；而且足球运动能够促进人体的新陈代谢，改善呼吸系统、神经系统、心脏等器官功能，增加食欲，提高吸收能力，对提高肌肉、韧带的力量等具有较好的锻炼效果。总之，学生参与校园足球活动能提高身体素质和健康水平，也能增强自身的运动能力。

足球运动是一项深受广大青少年喜爱的体育运动，特别对男生有很大的吸引力。足球活动应作为校园体育运动的重要载体进行重点推广。由于全国开展校园足球的学校数量越来越多，覆盖范围越来越广，每一所学校若能按照相关要求积极开展校园足球活动，必将吸引更多的青少年参与到活动中，有效培养学生参与体育运动的积极性和意识，为终身参与体育运动打下基础。

（二）培养身心全面发展的青少年学生

足球作为集体性运动项目，同时存在合作和对抗，是培养学生勇敢顽强、不畏困难的意志品质和团结协作、敢于担当的合作精神的有效形式。通过校园足球的深度开展，足球比赛将成为班级、年级、学校、城市，甚至国际沟通和交流的纽带，成为学生强身健体、展现自我的方式。青少年学生经常参与训练、比赛等足球活动，除了可以不断提高身体、心理素质，以及运动技能，还可以陶冶情操、增长智慧。校园足球活动是我国足球后备人才培养的一项创新举措，是体教结合的又一次新的尝试。在青少年学生课业压力繁重、严重缺乏体育锻炼、身体素质急剧下降等现实背景下，校园足球活动的开展对促进学生的全面发展具有格外重要的意义。这种理念的转变，可以更好地促进学生德、智、体、美、劳方面的发展，这对其他运动项目也有借鉴作用。

此外，中国足球发展历程中出现的负面事件，究其原因，就是部分球员的文化素质偏低、法律意识淡薄，以至于做出为了利益触碰法律红线的恶性行为，例如，在金钱的利诱下加入了赌球者的行列，消极比赛甚至打假球，严重破坏了足球运动的公正性、公平性，使中国足球形象大打折扣，影响了球迷对中国足球联赛和球队的信任，失去了球迷的中国足球丧失了其赖以生存和发展的根基。随着校园足球的不断深入开展，青少年球员的整体文化素质得到很大的提升。球队要想取得胜利，除了技术、体能等"硬件"因素之外，勇于拼搏的精神、求胜的欲望、坚韧不拔的品质和意志等因素也不可或缺。教育部指出，校园足球是学校体育的延伸。

体育是培养合格人才最直接、最有效的方法。国际足联在其百年纪念文章中提到，"足球是能力和运气、理性和非理性、个人和集体的魔幻组合；足球是自由和服从、独立和受限、创造性和纪律性的魔幻组合；足球介于游戏和战斗、技能和体能、艺术和工艺、天才和勤奋之间"。这一描述清楚又真实地反映了足球运动的独特教育意义。青少年学生在参与足球运动的过程中，不仅能享受玩耍的乐趣、增强身体素质和健康水平、提高运动技巧，还能释放课业压力等带来的负面情绪，并能了解一定的足球知识，开阔视野，掌握一门新的技能，在全面成长的道路上有所收获。

（三）培养优秀储备人才，推动足球可持续发展

足球发达国家都十分重视足球后备人才的培养，踏踏实实地做好足球在基层的普及工作。虽然每个国家的具体做法存在差异，但它们都将发展校园足球作为足球后备人才培养的一个重要途径。我国足球运动员职业化以后，足球后备人才的培养以职业俱乐部梯队和足球学校为主。这两种模式都在经历了短暂的繁荣后迅速没落，无法大量输送高水平人才，在我国饱受争议。2009年开始的"校园足球"活动是党和国家在足球领域对"体教结合"模式的又一次探索，它开创了我国青少年足球后备人才培养的新模式，将"体教结合"推到一个新的高度，体现了让足球回归教育的宗旨。一方面，有利于扩大足球运动的普及面，夯实我国足球人才根基；另一方面，有利于提高足球运动员的文化素养水平，并有效解决运动员的学训矛盾等问题。而相关通知和政策的出台和颁布也表明了国家对这次活动的重视程度，覆盖范围以及实施力度都不同于以往。全国校园足球办公室的数据显示，截至2015年，全国校园足球的注册人数已超19万人，校园足球的参与人数达270万人。随着教育部将足球项目纳入体育课的必修内容，并大力扶持中小学足球特色校和高校高水平足球队，掀起了全国青少年学生参与校园足球活动的热潮，为我国足球人口的增长以及足球后备人才的培养奠定了坚实基础。

培养优秀的足球运动员储备不是一朝一夕就能完成的，而是要不断推动青少年学生参与这项运动，实现可持续发展。足球强国，无一例外地将体育运动列为教育的重点之一，而足球运动也成了青少年学生日常生活的一部分。在英国，全国共有300多所学校组织足球活动。英国以校园足球为基础，打造了举世闻名的"金字塔"草根足球发展体系。而日本近年来的足球水平突飞猛进，很大程度上也源于青少年足球体系的完善。例如，日本要求每个学校都建立至少一家足球俱乐部。正是国家对校园足球的重视，使足球运动在日本全国范围内都得到良好的普及与发展，从而能源源不断地为各个职业俱乐部和各级国家队输送大量的人才。这也提醒我们，足球水平的成功跃进，需要建立在广泛普及校园足球的基础上。足球作为世界第一运动，虽然在我国也有着广泛的群众基础，是深受广大青少年喜爱的运动之一，但是由于受到活动场地、理论和基本技术系统、师资力量和经费投入等因素的制约，足球运动在学校中的普及程度远远不及篮球、乒乓球、游泳等体育项目。因此，全国青少年校园足球活动的开展会是一个良好的契机，在国家的重视、经费的支持等有利条件下，学校更应把握好机会，全面深入地开展丰富多彩的足球活动，培养学生对足球的兴

趣，营造全民足球的良好社会氛围。其中，重点学校要领头发挥示范作用，带动其他学校开展校园足球活动，从而达到普及足球运动的目的。此外，在所有参与活动的学生中，挑选出有潜质的人才进行重点培养，进一步提高其自身的足球技术水平，为其将来进入更高层次的平台打下坚实的基础。那些最终未能走上职业道路的学生，也会因为参与过校园足球活动，体会到足球给参与者带来的快乐，成为今后校园足球活动的支持者、响应者，甚至号召者，为校园足球输送人才模式的可持续发展奠定坚实的基础。

第一章 五人制足球运动的介绍与发展

一、五人制足球简介

五人制足球（fustal）是众多足球形式的一种，名字源自葡萄牙语 futebol de salao 以及西班牙语 fútbol sala（或 futbol de salon），意为"房间足球"；英语为 indoor football，即室内足球。五人制足球比赛通常在室内进行，与传统的十一人制等其他形式的足球不同，主要表现在场上的参与人数较少，比赛场地、使用的球门较小，足球的尺寸（4号球）较小，以及比赛的时间较短等。

二、国际五人制足球发展历程

五人制足球是1930年由乌拉圭一位体育教授胡安·卡洛斯-赛利亚尼设计并发展的。在乌拉圭举办首届足球世界杯后，赛利亚尼教授提出，为了赢得下一届雷米特杯，球员们需要更灵活和更快的思考。为了提高乌拉圭球员的灵活性，赛利亚尼让他们在更小的空间里踢球，强迫球员们移动、思考得更快速。当赛利亚尼教授把他的理念付诸实践，这种训练方式在蒙得维的亚（乌拉圭首都）基督教青年会的篮球场活跃起来。由于在一个封闭的空间内进行足球赛，人们便称之为 Fútbol de salon，又称之为 room or court soccer。这种新的足球比赛形式迅速发展到邻近国家，如阿根廷、巴拉圭、巴西等。1985年在马德里，fútbol de salon 和其他名字都被官方统一叫作 futsal，字义源自西班牙语或葡萄牙语的"足球"（futbol or futebol），以及法语或西班牙语的"室内"（salon or sala）。

1936年，首套适用于五人制足球的通用规则在巴西圣保罗公布。但大多数人认为，1949年巴西人阿斯德鲁瓦尔·多·纳西缅托（Asdrúbal do Nascimiento）

所起草编写的才是世界上第一份五人制足球比赛规则。

1985 年，五人制足球项目进入国际足联。1989 年，在荷兰举办了第一届国际足联五人制足球世界杯。从此，国际足联把五人制足球跟十一人制足球一样列为重要赛事。发展至今，这两种足球比赛形式和沙滩足球一起组成了国际足联最重要的三大赛事。五人制足球世界杯每四年一届，具体情况见表 1-1。由于疫情缘故，第九届五人制足球世界杯（2020 年）延期一年至 2021 年举行。室内五人制足球的国际赛事除了世界杯还有欧洲杯。因为欧洲国家的足球体系发展较为完善，所以，五人制足球和十一人制足球一样有相关联赛，观众较多，更受人们的喜爱和欢迎。

值得纪念的是，在 2021 年 FIFA 五人制足球世界杯中，5 支亚洲参赛队伍（包括伊朗、乌兹别克斯坦、日本、泰国、越南队）均入围十六强，虽然最终只有传统强队伊朗队跻身八强的行列，但也展现出了亚洲足球的发展和进步。越南队在小组赛中展现出他们不断增长的实力，球员们快速变向突破所展现出来的敏捷程度令人印象深刻，同时，他们也拥有着强大的意志。经验老到的泰国队在小组赛中展现出了不俗的实力，但是，在十六强晋级赛中被该届赛事的黑马哈萨克斯坦队淘汰。日本队在十六强晋级赛中碰上的队伍则是得过 5 次冠军的巴西队，虽然以 2∶4 的成绩被淘汰，但日本队的高强度逼抢战术狠狠削弱了巴西队的进攻强度，他们多次的反击也给巴西队造成了很大的威胁。乌兹别克斯坦队在十六强晋级赛中遇上的就是同为亚洲赛区的伊朗队，最终以 8∶9 的成绩被淘汰，但乌兹别克斯坦队展现出他们坚忍不拔的意志，在比赛过程中一度落后 4 分的时候也没有放弃。伊朗队在八强晋级淘汰赛中遇到了哈萨克斯坦队，在比赛前期伊朗队很好地把握了比赛节奏，甚至上半场以 2∶0 领先对手，在下半场却被连进三球，虽然伊朗队顽强不屈，一直坚持到比赛倒数 39 秒才被踢进第三个决胜球，但还是不敌对手，止步于此。这 5 支亚洲球队在这次世界舞台上展现出他们的竞争实力。

1996 年，国际足联公布首批五人制足球裁判员名单。

1999 年，首届亚足联五人制足球锦标赛在马来西亚举办。亚足联五人制足球锦标赛原来是一年一届，后于 2008 年起，因为要先举行预选赛，改为两年一届，因疫情于 2020 年暂停举办，2022 年恢复举行，具体情况如表 1-2 所示。

表1-1 五人制足球世界杯的具体情况

时间（年）	1989	1992	1996	2000	2004	2008	2012	2016	2021	2024
举办国/地区	荷兰	中国香港	西班牙	危地马拉	中国台北	巴西	泰国	哥伦比亚	立陶宛	乌兹别克斯坦
冠军	巴西	巴西	巴西	西班牙	西班牙	巴西	巴西	阿根廷	葡萄牙	巴西
亚军	荷兰	美国	西班牙	巴西	意大利	西班牙	西班牙	俄罗斯	阿根廷	阿根廷
季军	美国	西班牙	俄罗斯	葡萄牙	巴西	意大利	意大利	伊朗	巴西	乌克兰
参赛队数	16	16	16	16	16	20	24	24	24	24
最佳球员	维克特·赫尔曼斯 Victor Hermans（荷兰）	约津霍 Jorginho（巴西）	曼努埃尔·托比亚斯 Manuel Tobias（巴西）	曼努埃尔·托比亚斯 Manuel Tobias（巴西）	法尔考 Falcão（巴西）	法尔考 Falcão（巴西）	法尔考 Falcão（巴西）	法尔考 Falcão（巴西）	里卡迪尼奥 Ricardinho（葡萄牙）	迪耶戈 Dyego（巴西）
最佳射手	拉兹洛·扎萨达伊 Lazslo Zsadanyi（匈牙利）	萨义德·拉加彼·施拉兹 Saeid Ilajia Shirazi（伊朗）	曼努埃尔·托比亚斯 Manuel Tobias（巴西）	曼努埃尔·托比亚斯 Manuel Tobias（巴西）	法尔考 Falcão（巴西）	普拉 Pula（俄罗斯）	法尔考 Falcão（巴西）	法尔考 Falcão（巴西）	费朗 Fiho（巴西）	马塞尔 Marcel（巴西）

表1-2 亚足联五人制足球锦标赛具体情况

年份	主办地	冠军
1999	马来西亚	伊朗
2000	泰国	伊朗
2001	伊朗	伊朗
2002	印度尼西亚	伊朗
2003	伊朗	伊朗
2004	中国澳门	伊朗
2005	越南	伊朗
2006	乌兹别克斯坦	日本
2007	日本	伊朗
2008	泰国	伊朗
2010	乌兹别克斯坦	伊朗
2012	阿联酋	日本
2014	越南	日本
2016	乌兹别克斯坦	伊朗
2018	中国台北	伊朗
2022	科威特	日本
2024	泰国	伊朗

2005年，国际足联在西班牙举办了第一期五人制足球讲师研讨班。

2015年，首届亚足联女子五人制足球锦标赛在马来西亚举办。

2017年，首届亚足联U-20五人制足球锦标赛在泰国举办，每两年一届。可惜的是，U-20亚洲杯举办两届，因疫情中断，至今尚未恢复举行。具体情况见表1-3。

表1-3 亚足联U-20五人制足球锦标赛具体情况

年份	主办地	冠军
2017	泰国	伊朗
2019	伊朗	日本

2017年，世界俱乐部冠军联赛（世俱杯）首次在泰国举办。

2018年，五人制足球取代传统十一人制足球项目完成青奥会首秀。青年奥林匹克运动会（Youth Olympic Games）简称"青年奥运会"或"青奥会"，是一项专为15岁至18岁青年人举办的大型国际赛事。青奥会的比赛项目大部分与奥运会相同，每四年举办一届，是仅次于奥运会的大型国际型赛事，该届青奥会从10月6日开幕，10月18日闭幕，共历时13天，来自206个国家和地区的3998名青少年运动员在32个大项241个小项展开角逐。在该届青奥会比赛项目中，五人制足球取代了传统十一人制足球项目，完成了在青奥会上的首秀，比赛场次时间为10月7—18日，共12天。这也是五人制足球首次成为世界大型综合性运动会的正式比赛项目，对五人制足球的发展有着重要的意义。值得一提的是，此次执法五人制足球项目的裁判一共有24人（18男6女），其中有5名裁判来自亚洲（3男2女），2名女裁判分别来自伊朗和中国（梁庆云）。该届青奥会五人制足球比赛设置了男女两枚金牌，男女各10支球队分成2个小组，小组前两名出线晋级半决赛。而在亚洲球队中，伊拉克与伊朗征战男子比赛，泰国与日本征战女子比赛。具体成绩见表1-4。

表1-4 2018年青年奥林匹克运动会五人制足球成绩

组别	冠军	亚军	季军
男子	巴西	俄罗斯	埃及
女子	葡萄牙	日本	西班牙

三、中国五人制足球发展历程

2003年10月，首届"李宁杯"中国大学生五人制足球联赛正式启动。

2003年12月，首届全国五人制足球甲级联赛拉开了帷幕，参赛队伍共有6支：成都队、大连队、武汉队、北京队、上海队、广州队，比赛进行单循环赛，但在之后随着参赛队伍的增加，赛制也有所改变。现在，"五甲联赛"成了我国五人制足球的重要赛事之一。

2007年9月，中国首次在广州举办了五人制足球国际邀请赛，与国际接轨。

2008年10月，五人制足球男子国家队在历史上首次闯进五人制足球世界杯决赛阶段，在世界上崭露头角。

2013年9月，深圳南岭铁狼队获亚洲五人制足球冠军杯赛第四名。

2016年12月，中国足协五人制足球超级联赛正式创立，参赛队伍共10支。发展至今，"五超联赛"和"五甲联赛"一样成了我国五人制足球的重要赛事之一。深圳南岭铁狼队，在这项赛事中五次荣获冠军，展现了不俗的实力。

2017年3月，中国足协五人制足球甲级联赛（二级联赛）正式创立，参赛队伍共 8 支。

2017 年 5 月，中国五人制足球 U-20 男子国家队参加首届亚足联 U-20 五人制足球锦标赛。

2017 年 7 月，天津全运会笼式足球（五人制）第一次成为比赛项目。

2017 年 9 月，我国女子五人制足球项目代表队在第五届亚洲室内与武道运动会获得了第四名。

2018 年 9 月，全国女子五人制足球锦标赛开幕。

2019 年 7 月，全国五人制足球青少年锦标赛开幕。

2021 年，陕西全运会上五人制足球第一次成为比赛项目，标示着我国五人制足球的地位正在上升。

四、女子五人制足球发展历程

2013 年 6 月 29 日—7 月 6 日，第四届亚洲室内和武道运动会在韩国仁川举行，是亚洲区域最大的集室内项目与武道项目的综合运动会，其中包含了五人制足球项目。我国女子五人制足球项目代表队取得第七名的成绩。

2015 年 9 月 17—26 日，在马来西亚举行了首届亚足联女子室内五人制足球锦标赛，有 9 支球队受邀参加了首届比赛，可惜的是，我国女子五人制足球国家队并未从小组赛中出线。

2017 年 9 月 17 日，第五届亚洲室内与武道运动会将在土库曼斯坦首都阿什哈巴德揭幕，此次赛事升级，竞争更为激烈，我国女子五人制足球项目代表队取得第四名的成绩。

2018 年 9 月，由中国足球协会主办的全国女子五人制足球锦标赛开幕，和"女五联赛"一样成了全国高水平成年女子五人制足球赛事之一，也成了女子五人制足球国家队筛选优秀选手的重要平台，这标识着中国女子五人制足球全新的突破，也标志着社会对女子五人制足球的重视程度和关注度大大上升。

2019 年 7 月 16 日，中国足球协会女子室内五人制足球联赛"陕体杯"的最后一场比赛中，陕西足协女足以 4:0 的比分战胜北京体育大学女足，以联赛全胜的战绩，将首届女子五人制足球联赛的冠军奖杯高高捧起。

2019 年 8 月 20 日，2019 中国足球协会全国女子室内五人制足球锦标赛在青岛即墨落下帷幕，陕西足协女足以 4:1 的战绩战胜河南女足获得冠军。

2022 年全国女子五人制足球联赛共有云南师范大学附属中学呈贡校区、上海华正足球俱乐部卓越星足球队、湖州华煜乐活足球俱乐部、乌兰察布齐乐足球俱乐部,同济大学、云南师范大学、青岛市女子五人制足球队、湖南工商大学在内的 8 支队伍参加,展开了 24 场精彩的较量。12 月 11 日,比赛在贵州省黔南州闭幕,代表浙江省参赛的湖州华煜乐活队在最后一轮比赛中 5:1 战胜青岛队,以不败战绩,夺得本赛季女子五人制足球联赛冠军。

2023 年全国女子五人制足球锦标赛由中国足球协会主办,广西足球协会、百色市文化广电体育和旅游局承办,百色市社会体育指导中心、百色市足球协会、百色市万馆青少年体育俱乐部协办,共有浙江工业大学、同济大学、江西师范大学、上海华正、广西百色等 12 支参赛球队 200 多名运动员参赛。2023 年 3 月 21 日,2023RH 全国女子五人制足球锦标赛在百色市开幕,在历经了 7 天的比赛后,上海市金山区华正足球俱乐部于 3 月 28 日的决赛中胜出,荣获冠军。

2023 年中国足球协会女子五人制足球联赛是中国足球协会各会员协会女足队伍、全国各地方女子足球俱乐部和大学生女足队伍参加的全国高水平成年女子五人制足球赛事之一,与全国女子五人制足球锦标赛一起担负着为女子五人制国家队发现输送人才、提升五人制足球的社会化程度、扩大足球人口的任务。该次比赛由中国足球协会、兰州市人民政府主办,兰州市体育局承办,兰州市体育竞赛管理中心、兰州奥体中心协办,兰奥艺体文化产业(甘肃)有限公司运营。2023 年 7 月 27 日晚,2023 年中国足球协会女子五人制足球联赛总决赛在兰州奥体中心闭幕。在最后一场冠亚军之战中,上海华正在收官战中与宁夏平罗战平,以净胜球优势夺得本赛季女五联赛总决赛冠军。

2024 年全国女子五人制足球锦标赛在宁夏回族自治区平罗县文体健身中心拉开战幕,共有上海金华区华正足球俱乐部、宁夏平罗恒利足球俱乐部、山西大同卓越星、同济大学、云南师范大学、山西医科大学、杭州临平乐茵、福建女足、赣州市足球协会、广东湛江锐虎足球俱乐部、海南体育职业技术学院、榆林弄潮儿北体等 12 支球队参赛。经过 6 轮 34 场的激烈角逐,收官之战在宁夏平罗恒利足球俱乐部和上海华正足球俱乐部之间展开,上海华正足球俱乐部未能成功卫冕,由宁夏平罗恒利足球俱乐部在主场摘得桂冠。

值得期待的是,国际足联已宣布预计于 2025 年在菲律宾举办第一届女子五人制足球世界杯,这标示了女子五人制足球未来可期。

第二章

五人制足球比赛规则诠释

一、队员

五人制足球比赛场上为 4+1，共 5 名队员，其中 1 名必须为守门员。替补队员应为 9 人，不含官员。一场比赛报名人数最多为 14 人。

二、替补队员

五人制足球比赛换人不需要经过裁判员同意，但是必须在换人区内进行替换，先下后上，手递手进行背心传递。

三、最少队员人数

任何一方球队的场上队员人数少于 3 人时，比赛不能开始，但比赛的最少队员人数，包括替补队员人数，由各会员协会自行决定。如果一方球队因一名或多名队员故意离开场地而使场上人数少于 3 人时，裁判员不必立即停止比赛，并可掌握权力。在此情况下，在比赛停止后如果任一球队场上队员不足 3 人时，裁判员不应恢复比赛。

四、饮水

在暂停或比赛停止时,裁判员可允许队员补充水分,但只能在场地外,以保证场地不会变湿。不允许将装有液体的容器扔进场内。

五、被罚令出场的队员

如果1名场上队员在中场休息或加时赛半场开始前,实施可被罚令出场的犯规,则其所在球队在下半场或加时赛半场开始时场上少1人。2分钟净时间少1人,2分钟内没被进球,到时间应补上一名队员;如果2分钟内进球,则可以直接补上1名队员。

六、同时发生一个以上的违规

当同时发生一个以上违规时,裁判员应根据纪律处罚、恢复比赛方式、身体接触严重性和战术效果等判罚为更严重的违规。如果可判为直接任意球的犯规,则裁判员应记录相应的累计犯规次数。

七、比赛进行中的4秒计时

比赛进行中,每次守门员在本方半场控制球时,两名裁判员之一应明显地进行4秒计时。角球、任意球均有4秒计时。

裁判员应特别注意确保比赛尽快恢复,不能允许比赛恢复时(踢界外球、掷球门球、角球或任意球)由于战术原因而导致延误。当比赛根据规则恢复时,应开始4秒计时,且不使用哨音。如果裁判员认为出现战术原因延误比赛恢复,无论队员是否准备好,都应鸣哨并开始4秒计时。在4秒计时不适用的情况下,延误比赛恢复的队员应被警告。

允许持球人员位于场地周边,以促使比赛恢复和进行。

八、 比赛时间

五人制足球比赛上下半场的净时间各 20 分钟，共 40 分钟净时间。

九、 比赛开始与恢复

（一）开球

在给出开球信号前，裁判员无须得到守门员或任何其他球员确认。

（二）犯规与不正当行为

1. 冲撞对方球员

冲撞是指在争抢球的范围内用身体而非手臂或肘部争取空间的行为。下列冲撞属于对方犯规：

- 用草率的方式；
- 用鲁莽的方式；
- 使用过分力量。

2. 拉扯对方球员

拉扯对方球员包括用手、臂或身体阻止对方自由移动的行为。裁判员要及早预防和严格处理拉扯犯规，特别是在罚球区内和踢角球、界外球或任意球时。对待这种情况，裁判员应：

- 在比赛恢复前，对拉扯对方的球员进行提醒；
- 在比赛恢复前，如果该球员继续拉扯对方，要给予警告；
- 一旦在比赛恢复后发生，应警告犯规球员，并判罚直接任意球或罚球点球。

如果一名守方球员从罚球区外开始拉扯进攻球员，并持续到罚球区内，裁判员应判罚球点球。

▶ 纪律处罚

- 当球员拉扯对方以阻止对方控制球或抢占有利位置，其非体育行为应被警告；
- 当球员拉扯对方以破坏明显进球得分机会，应被罚令出场；

- 对于其他形式的拉扯犯规，不需要给予纪律处罚。

▶ **比赛恢复**

在犯规发生地点踢直接任意球，或当犯规发生在罚球区内则判罚罚球点球。

3. 手球

如果球员意外地用手臂触球，立即使球进入对方球门，则由对方踢间接任意球。然而，如果球没有进门且队员的手臂没有使身体不自然展开，比赛应继续。如果球越过球门线出界，由对方掷球门球。"立即"与手球犯规距球门的距离和/或从意外手球犯规到进球的时间无关。因此，如果队员在用手或臂触球后立即进球，且球没有被其他任何队员触及，则进球无效。如果球员在同队球员意外地用手臂触球后使球进入对方球门，包括之后立即进门，则进球有效。

▶ **纪律处罚**

球员手球犯规时，在有些情况下需要对该非体育行为进行警告。例如，当球员企图用故意手球得分；当守门员不在本方罚球区内时，试图用手或臂破坏进球或明显进球得分机会，但未遂；守门员在球门前防守时，用手球犯规阻止球向球门移动；干扰或破坏对方有希望的进攻。然而，如果球员用故意手球来破坏对方进球或破坏明显的得分机会，将被罚逐出场。这个处罚不是针对球员故意手球的行为，而是因为其不可接受的和不公正的干预阻止一个进球。

4. 守门员的犯规

获得球权意味着守门员已经对球取得了控制。守门员用身体的任何部位触球将被视为获得球权，除非球意外地从他身上弹出。不允许守门员在本方半场内控制球超过4秒，无论用手或臂（在本方罚球区内）或用脚（在本方半场的任何位置）。在这种情况下，距守门员最近的裁判员应清晰且公开进行4秒计时。在场上任何位置传出球后，未经对方球员踢或触及球前，不允许守门员在本方半场内触及同队球员故意传给他的球。另外，在任何情况下，守门员都不能在本方罚球区内用手或臂触及同队球员，并故意踢球给他，包括踢出的界外球。

5. 球员对守门员的犯规

在守门员用手获得球权后，对方球员不得与其争抢。下列情况属于犯规：

- 阻止守门员从手中发球，如当守门员拍球时；
- 争抢或企图争抢守门员控制在手掌上的球；
- 守门员从手中发球的过程中，如果球员踢或企图踢球，裁判员应判罚该球员以危险方式比赛；
- 不正当地阻挡守门员移动，如在踢角球时。

▶ 比赛恢复

如果出现以上情况且裁判员不能掌握权力而停止比赛，应在犯规地点踢间接任意球恢复比赛。如果进攻球员草率地、鲁莽地或使用过分力量跳向、冲撞或推守门员，无论纪律处罚如何，在犯规发生地点踢直接任意球恢复比赛。

6. 以危险方式比赛

以危险方式比赛并不一定涉及球员之间的身体接触。如果有身体接触，则构成可判为直接任意球或罚球点球的犯规。此时，裁判员要认真考虑，很可能发生不正当行为。

▶ 纪律处罚

• 如果球员以危险方式"正常地"参与比赛，裁判员不必进行纪律处罚。如果球员的行为有明显的伤害风险，裁判员应警告犯规球球员；

• 如果球员以危险的比赛方式破坏明显进球得分机会，裁判员应将该球员罚令出场。

7. 佯装

任何球员试图通过诈伤或假装被犯规来欺骗裁判员，将被视为佯装，并被判非体育行为。如果比赛因此而暂停，则以间接任意球恢复比赛。

8. 持续违反规则

裁判员自始至终都应注意那些持续违反五人制足球竞赛规则的球员，特别是裁判员应意识到，即使一名球员多次犯规的形式不同，该球员仍应因持续违反五人制足球竞赛规则而受到警告。

对"持续犯规"次数或其表现模式，规则中并没有明确规定，这完全是一个判断问题，应根据有效管理比赛的情况而决定，主要是以球门或队友为支撑。

9. 破坏明显进球得分机会

当球门有守门员防守时，在判定是否为破坏明显进球得分机会情景时，应考虑下列因素：

• 犯规发生地点与球门间的距离；

• 比赛发展的大致方向；

• 保持控制球或得到控球权的可能性；

• 除守门员外的有效防守球员和守门员的位置和人数；

• 有效防守队员人数，包括有效守门员但排除犯规球员，以及有效进攻球员人数；

• 有效防守队员是指其有机会阻断进攻，包括有效压迫、与进攻队员争抢或拦截球；

• 有效进攻队员是指其有明显的机会参与进攻。

防守队员是否试图触球或争抢球（阻止移动、拉扯、推和没有触球可能性的争抢不被认为是合法地试图触球或争抢球）。

10．任意球

▶ 距离

如果队员决定快速踢出任意球，而距球不足 5 米的防守队员将球拦截，裁判员应允许比赛继续。

如果队员决定快速踢出任意球，而在球附近的防守队员故意阻止其踢球，裁判员应警告守方队员延误比赛，重新开始。

当防守方在本方罚球区内踢任意球时，一名或多名对方队员没有足够时间离开罚球区而仍然滞留在罚球区内，此时，如果守方队员决定快速踢出任意球，裁判员应允许比赛继续。

11．罚球点球

▶ 程序

- 如果球击中球门柱或横梁后破损并进入球门，则裁判员判进球有效；
- 如果球击中球门柱或横梁后破损，但未进入球门，裁判员不应判重踢罚球点球，应停止比赛；
- 如果裁判员判重踢罚球点球，则新的罚球不必由原来的队员执行；
- 如果主罚队员在裁判员鸣哨前踢球，则裁判员应判重踢罚球点球并警告该队员。

12．踢界外球违规

裁判员应提醒防守队员距离踢界外球的位置不应小于 5 米。必要时，裁判员应在踢界外球前劝诫任何不遵守最小距离的防守队员，并警告仍然拒绝退出规定距离的队员。以踢界外球恢复比赛，如果 4 秒计时已经开始，则重新计时。如果没有正确执行踢界外球，即使是球直接踢给了对方队员，裁判员也不应掌握权力，而是判由对方队员重踢界外球。

13．掷球门球

▶ 程序违规

- 如果对方队员进入罚球区或比赛恢复前仍在罚球区内，防守队员对其犯规，则重掷球门球，可根据犯规性质给予防守队员警告或罚令出场。
- 当守门员掷球门球时，一名或多名对方队员仍处在罚球区内，因为守门员决定快速掷球门球而没有时间离开罚球区，裁判员应允许比赛继续。
- 如果守门员在正确掷球门球过程中，故意将球掷向对方队员，但并不是以草率的、鲁莽的方式或使用过分力量，则裁判员应允许比赛继续。
- 在掷球门球时，如果守门员没有从本方罚球区内掷球，裁判员应令其重掷球门球，但在守门员准备好再次掷球时，4 秒计时从停止处继续进行。

- 每当守门员控制球时，无论用手还是用脚，裁判员开始 4 秒计时。
- 如果守门员正确掷球门球，在比赛恢复后和其他队员触及之前，在本方罚球区外故意用手或臂触球，裁判员除了判给对方直接任意球外，还可根据五人制足球竞赛规则对其进行纪律处罚。
- 如果守门员用脚发球门球，裁判员对其进行劝诫，令其用手重新发球，但在守门员准备好再次掷球时，4 秒计时从停止处继续进行。

14. 角球

▶ 程序违规

- 裁判员应提醒防守队员距角球弧不应小于 5 米，直到比赛恢复。在必要时，裁判员应在踢角球前劝诫任何不遵守最小距离的防守队员，并警告仍然拒绝退出规定距离的队员。
- 球应放在角球弧内，球被踢出即为比赛恢复。因此，球不必离开角球区，比赛即可继续进行。
- 如果作为移动的一部分，守门员处在本方球门之外或在场外时，对方球队可快速踢出角球。

十、五人制足球术语

（1）加时赛。一种决定比赛结果的方式，分为两个不超过 5 分钟且相等时长的半场。

（2）"超人"守门员。守门员（临时）充当非门将队员，通常放弃防守本方球门位于对方半场，可以由球队原来的守门员担任，也可以由专门为此替换原守门员的另一队员担任。

（3）比赛净时。通过计时器记录的比赛进行时间；计时员在比赛停止或因任何原因中断时停止计时。

（4）点球决胜。决定比赛胜负的方式，由双方球队轮流踢罚球点球，直至双方罚球次数相同时，一队进球数比另一队多一球（除非在前 5 轮罚球时，一队罚完剩余所有轮次可能的进球数都无法追平另一队）。

（5）暂停。在上下半场中，球队申请一分钟间歇。

（6）2 分钟减员。球队在队员被罚令出场后，会出现队员人数在 2 分钟内减少的情况。在特定情况下，如果对方球队进球，可以在 2 分钟未到时增加队员人数。

十一、裁判员及其他比赛官员

（一）裁判员

裁判员是在比赛场地上执法的主要比赛官员。其他比赛官员在裁判员的管理和领导下履行职责。裁判员是判罚的最终决定者。

（二）第二裁判员

第二裁判员在场上执法，其他比赛官员在裁判员的管理和领导下履行职责。第二裁判员应接受裁判员的监督。

（三）其他比赛官员

竞赛规程可以委派其他比赛官员以协助裁判员。

1. 第三裁判员

第三裁判员是助理裁判员，主要协助裁判员管理球队官员和替补队员，记录比赛数据，如累计犯规和判罚。

2. 计时员

计时员主要负责记录比赛时间。

第三章

室内五人制足球比赛规则

一、比赛场地

根据竞赛规程，场地表面应平整、光滑而不粗糙，最好用木材或人造材料制成；不得使用给队员、球队官员和比赛官员带来危险的材料。

职业五人制足球比赛，在室内场馆进行，大部分可分为两种情况，一是木地板，二是五人制足球特有的地胶场地。

（一）场地标记

比赛场地应为长方形，并用连续的线标记，标线不应具有危险性（如应防滑）。这些标线属于其标示区域的一部分，标线颜色应与场地颜色有明显区别。

当使用多功能馆时，如有其他标线，应与五人制足球场地标线颜色不同且区分明显。

两条较长的边界线为边线，两条较短的边界线为球门线。

比赛场地由一条连接两侧边线中点的中线划分为两个半场。

中线的中心位置为中点，其半径为6厘米，以其为圆心画一个半径为3米的圆圈。

在比赛场地外，距离角球弧5米处做一个标记（见图3-1），以保证在踢角球时防守队员能退出规定的5米距离。

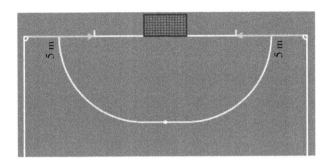

图 3-1　角球弧 5 米标记

（二）场地尺寸

国际比赛的场地尺寸如图 3-2 所示。

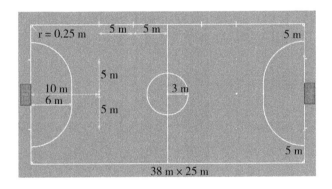

图 3-2　国际比赛场地尺寸

长度（边线）：最小 38 米，最大 42 米。

宽度（球门线）：最小 20 米，最大 25 米。

竞赛规程在上述范围内确定球门线和边线的长度。

线是其标识区域的一部分，因此，从线的外沿进行测量。

罚球点的测量是从标记点圆心到球门线的后沿。

10 米点的测量是从标记点的圆心到球门线后沿。

罚球区内的 5 米线，用于标识第 6 次累计犯规起的直接任意球时守门员应遵守的距离，其测量是从 10 米点的圆心到 5 米线的后沿（靠近球门线一侧的边沿）。

（三）罚球区

从两球门柱外沿并垂直于球门线向场内画两条长度为6米的假想线。在线的末端，以6米为半径从球门柱的外沿向同侧的边线方向画四分之一圆。两个四分之一圆的上部用一段与球门线平行的长3.16米的直线相连。由这些线和球门线围成的区域即为罚球区。在每个罚球区内，从两球门柱之间的中点向场内6米处标记一个罚球点，该罚球点与两球门柱等距（见图3-3）。

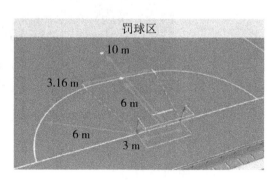

图3-3 罚球区场地尺寸标记

在罚球区内距离10米点5米处做一条附加标记（线），以确保在踢从第6次累计犯规起的直接任意球时守方守门员遵守这个距离。

（四）10米点

第二罚球点距离两球门柱之间的中点10米，且与球门柱等距。

在每个10米点左右各5米处做两个附加标记，以标示在10米点罚球时队员应遵守的最小距离。

以一条穿过上述标记，与球门线平行且距其10米的假想线为边界线的区域（见图3-4），如果在该区域内出现可判为第6次累计犯规起的直接任意球的犯规，球队可以选择在10米点罚球或在犯规地点罚球。

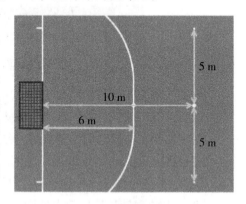

图3-4 10米罚球点

（五）替换区

替换区在球队替补席前的边线上，位于技术区域前方，距离中线5米，长度为5米（见图3-5）。换人必须从区域内进行，先下后上。

球队的替换区位于该队防守半场一侧，在比赛下半场或加时赛下半场须交换。

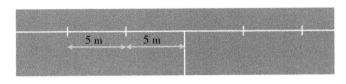

图 3-5　替换区

（六）角球区

在比赛场地内，在每个角以 25 厘米为半径画一个四分之一圆，即为角球弧（如图 3-6）。

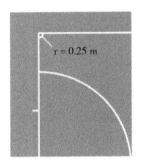

图 3-6　角球弧

（七）球门

球门应放置在球门线的中央。

球门由两根距场地边角等距的直立球门柱和一根连接球门柱顶部的水平横梁组成。球门柱和横梁应由适宜的材料制成，且不具有危险性。球门柱和横梁的形状应统一。

两球门柱（内侧）距离为 3 米，横梁下沿至地面的距离为 2 米（见图 3-7）。

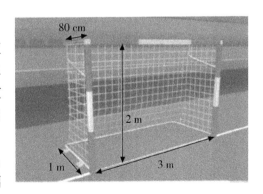

图 3-7　球门

二、足球

比赛用球为四号低弹球（见图3-8）：周长为62～64厘米，在比赛开始时重量为400～440克，气压为0.6～0.9个海平面标准大气压（600～900克/平方厘米）。

当球从2米的高度落下时，第一次反弹高度应不低于50厘米且不高于65厘米。

图3-8　比赛用球

三、队员

（一）场上队员人数

一场比赛由两队参加，每队最多可有5名场上队员，其中，1名必须为守门员。如果任何一队场上队员人数少于3人，则比赛不可开始或继续。

如果某队因1名或多名场上队员故意离开比赛场地，造成队员人数少于3人，则裁判员不必停止比赛；但若比赛停止后，该队人数仍不足3人，则比赛不能继续。

竞赛规程规定，在比赛开始前必须提交所有场上队员和替补队员名单，若某队在不足5名场上队员的情况下开始比赛，则只有在已提交名单内的场上队员和替补队员可在到达赛场后参加比赛。

（二）替换次数

在一场比赛中，队员的替换次数不限。

（三）提交场上队员和替补队员名单

对于所有比赛，在比赛开始之前应向裁判员提交场上队员和替补队员名单，无论队员是否在场。任何未在此时向裁判员提名的场上队员或替补队员不得参加比赛。

（四）替换程序

暂停外，比赛时可以在任何时刻进行替换，替补队员替换场上队员，应遵循下列程序：
- 被替换下场的场上队员从本方替换区离场，除非规则另有提及；
- 被替换下场的场上队员离场无须经裁判员同意；
- 替补队员进入场地无须经裁判员同意；
- 只有当被替换下场的场上队员离开场地后，替补队员才能进入场地；
- 替补队员从本方替换区进入场地；
- 当替补队员用手将分队服递交给被替换的场上队员后，经由本方替换区完全进入比赛场地时，替换程序完成；除非被替换的场上队员依据规则提到的其他原因从另外的区域离场，此时，替补队员应将分队服用手递交给第三裁判员；
- 从此刻起，替补队员成为场上队员，被替换的场上队员成为替补队员；
- 在特定情况下，替换请求可以被拒绝，如替补队员装备不整齐；
- 替补队员未完成替换程序前，不得以踢界外球、罚球点球、任意球、角球或掷球门球等方式恢复比赛，或参与坠球；
- 被替换下场的队员可以再次参加比赛；
- 所有替补队员，无论是否上场参与比赛，裁判员均可对其行使职权。

（五）热身

同一时刻，每队最多被允许有 5 名替补队员进行热身。

（六）更换守门员

- 任何替补队员都可以替换守门员，而不须通知裁判或等比赛停止；
- 任何场上队员可以和守门员互换位置，但是应在比赛停止时通知裁判员后进行；
- 场上队员或替补队员替换守门员，应穿着背部印有自己球衣号码的守门员上衣。竞赛规程可以明确要求"超人"守门员应穿着与守门员上衣颜色完全一致的服装。

（七）换人违规与处罚

如果替补队员在被替换的场上队员离场之前进入场地，或在替换过程中替补队员从本方换人区以外的地方进入场地：
- 裁判员停止比赛（如果可以掌握有利原则，不必立即停止）；
- 裁判员对违反替换程序进入场地的替补队员进行警告，并令其离场。

如果裁判员停止比赛，由对方踢间接任意球恢复比赛。如果在替换过程中，被替换的场上队员未经本方替换区离场且不满足规则中的特殊理由，裁判员应停止比赛（如果可以掌握有利，不必立即停止），因违反替换程序离场警告该队员。

如果裁判员停止比赛，由对方踢间接任意球恢复比赛。

对于任何其他违规：
- 警告违规队员；
- 由对方踢间接任意球恢复比赛。

（八）场上队员和替补队员被罚令出场

场上队员被罚令出场：
- 在球队名单提交前被罚令出场，不得以任何身份被列入球队名单内；
- 在提交球队名单后且比赛开始前，可由被提名的替补队员替换，替补队员名单不得增补；
- 被提名的替补队员在比赛开始前或开始后被罚令出场，替补队员均不得增补。

比赛开始后，一名场上队员被罚令出场，在该队员被罚令出场的2分钟比赛时间后（该队经历2分钟的减员），经计时员或第三裁判员允许，一名替补队员可以进入比赛场地代替被罚令出场的队员。如果在2分钟内有进球发生，则适用以下条款：
- 如果双方队员人数是5对4或4对3，且人数较多的一方进球，则人数较少的一方可以增加1人；
- 如果双方队员人数均为3人或4人，且出现进球，则双方人数均不增加，直到各自经历2分钟减员；
- 如果双方队员人数是5对3，且5人一队进球，则3人一队只能增加1人；
- 如果人数较少的一队进球，则人数不变，直到2分钟结束，除非期间人数较多的一队进球。

（九）处在场外的队员违规重新进入场地

如果场上队员须经两名裁判员之一的许可方可返场，但未经许可便这样做，裁判员应：
- 停止比赛（如果该队员没有干扰比赛或比赛官员，或可以掌握有利时，可不立即停止比赛）；
- 因未经允许进入比赛场地警告该队员。

如果裁判员停止比赛，则比赛恢复方式为：
- 在干扰比赛的地点踢直接任意球，或当干扰发生在罚球区内时以罚点球恢复比赛，并累计一次犯规；
- 在未干扰比赛时踢间接任意球，场上队员在正常比赛移动中越过边界线，不应被视为违反规则。

四、球员装备

（一）必要装备

场上队员的必要装备包括如下分离物件：
- 有袖上衣；
- 短裤——守门员可以穿长裤；
- 护袜——胶带或任何附着、外套的材料，其颜色应与所附着或包裹部分的护袜颜色一致；
- 护腿板——护腿板应由能提供一定保护的合适材料制成，并由护袜完全包裹；
- 足球鞋——IC 橡胶底，五人制足球比赛专业型号足球鞋（见图 3-9）。

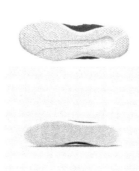
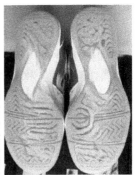

图 3-9 室内足球鞋

（二）分队服

分队服应穿在最外边以区分替补队员，被替换下场的队员应穿上分队服以完成替换程序。分队服的颜色应有别于双方球队上衣颜色和对方分队服颜色。

（三）护膝和护臂

在使用护膝和护臂时，其应与衣袖主色或短裤/长裤主色一致，不得过分突出。

当不能匹配这些颜色时，黑色或白色的护具可以与任何颜色的衣袖/短裤（或长裤，当适用时）一起使用。当护具不能与衣袖/短裤（或长裤）主色匹配时，所有的护具颜色应统一（黑色或白色）。

五、 裁判员

（一）五人制足球裁判员分工

每场比赛由 2 名裁判员掌控，裁判员和第二裁判员有全部权力去执行与比赛相关的五人制足球竞赛规则。

五人制比赛裁判分别由第一裁判员（主裁判）、第二裁判员、第三裁判员、计时员组成。

比赛由两名裁判员同时执法，第一裁判员位于计时台一侧，对面为第二裁判员，如出现争议时，第一裁判员有权利进行改判。

计时员则进行时间的计算，出界则进行停表。比赛时间为净时间。

第四官员进行替补席的管理等协助工作。

（二）裁判员装备

裁判员应有如下装备：
- 至少一个口罩；
- 红牌和黄牌；

- 记录簿（或其他可记录比赛情况的用具）；
- 手表；
- 红牌下场2分钟记录牌（见图3-10）；
- 暂停哨（蜂鸣器）。

```
                        FIFA
                      TIME - OUT
                       暂  停
递交给每支球队官员一张表单，提示替换被罚令出场队员的替补队员何时可以进场；
当计时器所示时间距____半场结束____分钟____秒时，替补队员可以进入比赛场地。


                        FIFA
THE SUBSTITUTE MAY ENTER THE PITCH WHEN THERE IS/ARE _____ MINUTE(S)
AND _____ SECOND(S) LEFT ON THE CHRONOMETER BEFORE THE END OF THE
_____ PERIOD.
```

图3-10 红牌下场2分钟记录牌

（三）计时裁判员

通过以下工作，确保比赛时间与规则：
- 正确开球后开启计时器；
- 比赛停止时停止计时器；
- 当比赛通过踢界外球、掷球门球、角球、开球、任意球、罚球点球或10米点罚球或坠球正确恢复后，重新启动计时器；
- 在进球、判罚罚球点球或任意球后，或在队员受伤后停止计时器；
- 在裁判员给出相应信号后停止计时器；
- 在有公共记分牌的情况下，记录进球、累计犯规和比赛半场；
- 在得到第三裁判员或一名场上裁判员的通知后，以不同于裁判员的哨音或其他声音信号示意某队请求暂停；
- 对1分钟暂停进行计时；
- 以不同于裁判员的哨音或其他声音信号示意1分钟暂停结束；
- 在得到第三裁判员的通知后，以不同于裁判员的哨音或其他声音信号示意某队的第5次累计犯规；

- 对球队的 2 分钟减员进行计时；
- 以不同于裁判员的哨音或其他声音信号，示意上半场结束、全场结束或当有加时赛时加时赛的半场结束；
- 在需要时，按照五人制足球裁判员和其他比赛官员要求，在比赛场地上选位（点球、"5-0"战术）；
- 如果没有任命第四裁判员，在第三裁判员缺席的情况下，行使第三裁判员的特定职责；
- 提供任何与比赛相关的其他信息。

（四）第三裁判员

- 在任何一名裁判员不能开始或继续执法比赛时，进行替换工作；
- 根据裁判员的要求，在赛前、赛中或赛后的全部时间协助裁判员和第三裁判员承担管理性的职责；
- 赛后就任何不正当行为或发生在裁判员视线之外的事件向相关机构提交报告，并在裁判员填写任何报告时提供建议；
- 记录赛前、赛中和赛后发生的所有意外事件；
- 携带一个备用手工计时器，以备在任何意外事件发生时的需要；
- 站在计时员附近的位置，提供任何与比赛相关的信息，以便协助裁判员和第三裁判员。

六、 比赛时间

（一）比赛时间

五人制足球比赛分为两个时长相同（20 分钟）的半场，共计 40 分钟。比赛以计时的方式记录净时间，球出界停表，恢复比赛开始计时。

（二）半场比赛结束

当 20 分钟比赛时间到，半场结束。如有加时赛，当特定比赛时间到，加时赛半场结束。

计时员用声音信号示意每半场和如有加时赛时每半场的结束。

- 当声音信号响起，半场即结束，即使裁判员没有鸣哨示意比赛结束，除非计时员或因设备故障无法给出信号。如果没有计时员信号，裁判员当确认20分钟比赛时间或特定的加时赛时间到，用自己的哨音给出半场结束信号；
- 如果半场即将结束时出现了第6次累计犯规起的直接任意球或罚球点球，当直接任意球或罚球点球罚球完成后，视为半场结束。

在比赛恢复后出现如下任一情况时，视为罚球完成：
- 球停止移动或离开比赛场地；
- 球被除守方守门员以外的任一队员触及（包括主罚队员）；
- 裁判员因主罚队员或主罚队员球队违规而停止比赛。

如果防守队员在罚球结束前违规，则裁判员依据规则让比赛继续，判罚重新罚球或下一次第6次累计犯规起的直接任意球或罚球点球。

根据规则在计时员用声音信号示意半场结束后出现的进球，只有符合上述情况，方可视为进球有效。比赛各半场不应因任何其他原因而延长。

（三）暂停

双方球队在每个半场各有一次1分钟暂停的权力。
▶ 应遵循条款
- 球队官员有权使用提供的凭证，向第三裁判员，或在无第三裁判员的情况下向计时员提交1分钟暂停的请求。
- 当比赛停止且比赛将由请求暂停的球队恢复或其得到点球时，计时员用不同于裁判员使用的哨音或声音信号示意暂停。

▶ 暂停期间
- 场上队员可以留在场内或场外，如需饮水，场上队员应离场；
- 替补队员应保持在场外；
- 球队官员不允许在场内进行指导；
- 只有在声音信号或哨音响起示意暂停结束后，方可进行队员替换；
- 上半场没有请求暂停的球队，下半场依然只有一次暂停权利，不能累计使用；
- 如果既没有第三裁判员也没有计时员，球队官员可向裁判员请求暂停；
- 如进入加时赛，则不可暂停。

（四）中场休息

队员有中场休息的权力，时间不得超过 15 分钟。如果进入加时赛，两个半场之间没有休息时间，球队仅互换比赛半场，球队官员和替补队员交换替补席。在加时赛半场允许有短暂的补水间歇（不超过 1 分钟）。

七、 比赛开始与恢复

开球用于一场比赛各半场、加时赛各半场的开始和进球后的恢复比赛。任意球（直接或间接）、罚球点球、踢界外球、掷球门球和角球是其他恢复比赛的方式。

当裁判员暂停比赛，而规则未明确以上任何一种方式恢复比赛时，以坠球恢复比赛。

如果违规发生在比赛停止时，则不改变恢复比赛的方式。

（一）开球

▶ 开球程序
- 裁判员掷币，由猜中一队决定在上半场或下半场开球，以及如有加时赛时的上半场或下半场开球；
- 由没有在上半场开球的球队在下半场开球；
- 下半场，双方球队交换半场和进攻方向；
- 在中场休息时，双方球队交换替补席，以确保替补席位于比赛场地的防守一侧；
- 当一队进球后，由另一队开球。

▶ 每次开球时
- 除开球队员外，所有场上队员应处在本方半场内；
- 开球队的对方队员应距球至少 3 米直至比赛开始；
- 球应放定在中点上；
- 由场上位于替补席一侧的裁判员鸣哨示意开球；
- 当球被踢且明显移动时，比赛即为开始；
- 开球可直接踢入对方球门得分；如果直接踢入本方球门，则由对方踢角球。

▶ 违规与处罚

如果开球队员在其他场上队员触及球前再次触球，则判罚间接任意球，如果是手球犯规，则判罚直接任意球。

对于其他任何违反开球程序的情况，应重新开球。

（二）坠球

▶ 坠球程序

- 在比赛停止时，球所在地点或球最后触及队员、场外因素或比赛官员的地点，坠球给最后触球球队的队员，除非该地点位于守方罚区内且最后触球是进攻队员。在这种情况下，将坠球给进攻队。坠球地点在距离比赛停止时，球所在地点或球最后触及队员、场外因素或比赛官员的地点最近的罚球区线上，该地点位于平行于边线的假想线上；
- 其他所有（双方）队员应距球至少 2 米，直至比赛恢复；
- 当球触及地面，比赛即恢复，此时，（双方）任何队员可以触球。

▶ 违规与处罚

出现如下情况时，须重新坠球：

- 球在触及地面前被队员触及；
- 球在触及地面后，未经队员触及而离开比赛场地。

如果坠球后，球未经至少两名场上队员触及而进入球门：

- 若球进入对方球门，则以掷球门球恢复比赛；
- 若球进入得到坠球队员本方的球门，则以角球恢复比赛。

然而，如果因对于得到坠球一方的不可抗力（如场地设施条件所限或不正确坠球）致使坠球未经至少两名队员触及后进入任何一方球门，则应重新坠球。

八、比赛进行及停止

（一）比赛停止

出现下列情况时，比赛即停止：

- 球的整体从空中或地面越过球门线或边线；
- 比赛被裁判员停止；
- 球击中天花板。

球触及比赛官员后仍在比赛场地内,并且出现下列情况,也属于比赛停止:
- 一队开始了一次有希望的进攻或者球直接进入了球门;
- 控球球队发生了转换。

在上述情况下,以坠球恢复比赛。

(二)比赛进行

如果球触及球门柱、横梁弹回并且仍在比赛场地内,均为比赛进行。

(三)室内比赛场地

如果比赛进行中球击中天花板,则由最后触球队的对方踢界外球恢复比赛。踢界外球的地点位于距球击中天花板位置最近的边线上。

九、 确定比赛结果

(一)进球得分

当球的整体从球门柱之间及横梁下方越过球门线,且进球队未犯规时,即为进球得分。

如果守门员直接将球掷入对方球门,由对方掷球门球。

(二)获胜队

比赛中,进球数较多的队伍为获胜队。如果双方球队进球数相等或没有进球,则该场比赛为平局。

当竞赛规程规定一场比赛出现平局,或主场、客场进球数相同时必须有一方获胜,仅允许采取如下方式决定获胜队:
- 客场进球规则;
- 上下半场时长相等且总时长不超过 5 分钟的加时赛;
- 点球决胜。

（三）点球决胜

点球决胜在比赛结束之后进行，点球决胜不是比赛的一部分。在比赛中被罚令出场的队员不能参加，比赛中的劝诫和警告不带入点球决胜。

五人制足球比赛常规点球规则为 5+1，由双方队员轮流罚球，直至所有队员均罚过一次后，如果比分相同，即开始第二轮罚球。在双方球队各完成 5 次罚球前，如果一队进球数已经超过另一队罚满 5 次可能的进球数，则不再罚球，比赛即为结束。在双方球队踢完 5 次点球后，如果比分相同，则继续罚球，直到出现罚完相同次数时，一队比另一队多进一球为止。

十、 越位

五人制足球没有越位。

十一、 五人制足球的犯规与不正当行为

只有在比赛进行中犯规或违规，才可判罚直接或间接任意球，以及罚球点球。

（一）直接任意球

如下犯规，则判罚直接任意球：
- 冲撞；
- 跳向；
- 踢或企图踢；
- 推搡；
- 打或企图打（包括用头顶撞）；
- 用脚或其他部位抢截或争抢；
- 绊或企图绊。

如果是有身体接触的犯规，则判罚直接任意球或罚球点球：
- 故意的和/或伸展手臂使身体扩大的手球犯规（守门员在本方罚球区内除外）；

- 使用手臂等部位拉扯、阻止对方队员行动；
- 在身体接触的情况下阻碍对方队员移动；
- 对球队名单上的人员或比赛官员实施咬或吐口水；
- 向对方队员或比赛官员扔掷/踢物品，用手中的物品触及球，或故意移动球门使之接触球。

所有此部分的犯规都被记作累计犯规。

（二）手球

在判定手球犯规时，臂部的上端边界定义为与腋窝的底部齐平（见图 3-11）。不是每次手臂触球都是犯规。

图 3-11 手球示意

（三）间接任意球

如果一名场上队员实施如下犯规行为时，则判罚间接任意球：
- 非体育道德行为；
- 当手/臂部意外触球后取得的进球；
- 危险动作等。

如果守门员实施如下犯规行为时，也判罚间接任意球：
- 在本方半场内，控制球超过 4 秒；
- 于场地内任何位置在控球状态下触球后，未经对方队员踢或触及，在本方半场内再次触及同队队员故意传给守门员的球；
- 在本方罚球区内，以手或臂部触及同队队员故意踢给守门员的球（包括界外球）。

关于对控制球进行 4 秒计时，当出现下列情况时，视为守门员可以控制球：
- 球在双手或双腿之间，或手脚与任何表面（如地面、身体）之间，以及用手、臂部或脚的任何部分触球；
- 用伸展开的手持球；
- 向地面拍球或向空中抛球；
- 用手或脚运球。

（四）阻挡对方队员

阻挡对方队员被认为是五人制足球中的一种合理战术，只要实施阻挡的队员在身体接触的瞬间保持静止，且没有通过移动或向对方路线上伸展身体的方式故意造成接触，且对方有机会躲避阻挡，则可以向对方有球或无球队员实施阻挡。

十二、任意球

（一）任意球的种类与程序

当场上队员、替补队员、被罚令出场的队员或者球队官员犯规时，判由对方球队罚直接或间接任意球。判罚直接或间接任意球时，两名裁判员之一应以清晰的方式进行 4 秒计时。
- 如果直接任意球直接踢入对方球门，则判为进球得分；
- 如果间接任意球直接踢入对方球门，则判对方掷球门球；
- 如果间接任意球直接踢入本方球门，则判对方踢角球。

（二）任意球的发球程序

所有任意球应按如下规定发出：
- 任意球须在 4 秒之内发出；
- 如果任意球未能在 4 秒之内发出，则判对方在发球地点踢间接任意球，除非在本方罚球区内出现这样的犯规；在这种情况下，由对方在距离犯规点最近的且由与边线平行的假想线确定的罚球区线上踢间接任意球；
- 在比赛恢复前，所有对方队员应距球至少 5 米；当两名或更多防守队员组成人墙时，进攻队员应距离"人墙"至少 1 米，直至比赛恢复。
- 如果犯规地点在守方罚球区内，对方获间接任意球的情况下，可在罚球区内的任意地点罚球；或因特定犯规而判罚间接任意球而比赛停止时，球位于守方罚球区内的，应在距离犯规罚球所在地点最近的且由与边线平行的假象线相交的罚球区线上发出（见图 3-12）。

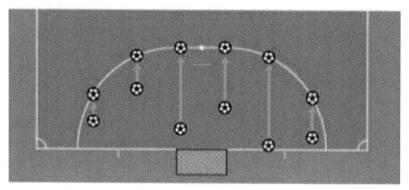

图 3-12　任意球发球程序

（三）累计犯规（记录次数）

累计犯规是规则中可判为直接任意球或罚球点球的犯规。
- 双方在每半场的累计犯规在半场结束后清零；
- 裁判员掌握有利原则，只要比赛停止，裁判员应示意进行累计犯规；
- 如果有加时赛，下半场比赛的累计犯规将在加时赛中继续计数。

（四）球队每半场第 6 次累计犯规起的直接任意球（大点球）

球队每半场第 6 次累计犯规及后续犯规发生时，进行大点球；如果第 6 次及后续的累计犯规发生在犯规方的罚球区内，则判罚球点球。第 6 次累计犯规起的直接任意球（大点球），防守队员不可排"人墙"防守。第 6 次累计犯规起的直接任意球的主罚队员应将球踢向对方球门并且以直接得分为目的；允许脚后跟踢球，只要球向对方球门移动且以直接得分为目的。

十三、罚球点球

队员在本方罚球区内，实施可判为直接任意球的犯规行为，则判罚罚球点球，罚球点球可直接踢入球门得分。主罚队员和守门员以外的其他场上队员应：
- 距离罚球点至少 5 米；

- 在罚球点后方；
- 在罚球区外。

主罚队员应向前踢球；允许使用脚后跟踢球，只要球向前移动。在球被踢出时，守方守门员应至少有一只脚的一部分接触球门线，或与球门线平齐或在球门线之后。主罚队员在其他队员触及球前不得再次触球。罚球点球概要见表3-1。

表3-1 罚球点球概要

违规	进球	未进球
进攻队员提前进入	重罚任意球	守方踢间接任意球
防守队员提前进入	进球有效	重罚任意球并劝诫防守队员；后续违规应警告
双方队员提前进入	重罚任意球	重罚任意球并劝诫防守队员；后续违规应警告
守门员违反规则	进球有效	未扑出：不重踢任意球（除非明显影响主罚人员） 扑出：重罚任意球并劝诫防守队员；后续违规应警告
球未被踢向球门且没有射门得分意图	守方踢间接任意球	守方踢间接任意球
不合法的假动作	守方踢间接任意球并警告主罚队员	守方踢间接任意球并警告主罚队员
经确认主罚队员以外的队员罚球	守方踢间接任意球并警告主罚队员	守方踢间接任意球并警告主罚队员
守门员和主罚队员同时违反规则	守方踢间接任意球并警告主罚队员	守方踢间接任意球并警告主罚队员

十四、踢界外球

踢界外球不能直接得分：
- 如果球直接进入对方球门，判掷球门球；
- 如果球直接进入本方球门，判踢角球。

（一）发界外球程序

在踢界外球的一瞬间：
- 球应放定在球离开比赛场地或击中天花板最近的边线上；
- 只有发球队员可以位于场外；
- 所有对方队员应距踢界外球的边线上的地点至少 5 米；
- 当球被踢且明显移动时，即为比赛恢复。

当发球方准备好恢复比赛或裁判员示意其已准备好恢复比赛时，应在 4 秒内将球踢出恢复比赛。

当界外球被踢出比赛恢复后，球未接触任何其他队员而离开了任一侧边线，则由对方在球出界的地点踢界外球（包括球没踢进场地内）。

如果队员在踢界外球时，以正确的方式故意将界外球踢向对方队员以再次触球，但并未使用草率的、鲁莽的方式或过分的力量，裁判员应允许比赛继续，踢球队员在其他队员触及球前不得再次触球。

（二）违规与处罚

如果比赛恢复后，踢球队员在其他队员触及球前再次触球，则判罚间接任意球；对方队员不正当地干扰或阻挡发球（防守队员需要退出 5 米外进行防守，直到球动才可以靠近）。

如果在踢界外球时，踢球队员的同队队员离开比赛场地以欺骗对方队员的方式获得有利位置，则违规队员应被警告，由对方踢界外球。

对于其他任何犯规，包括没有在 4 秒内将球踢出或踢球队员的同队队员在界外球踢出时离开场地，由对方踢界外球。

十五、守门员发球

当球的整体从地面或空中越过底线，而最后由进攻队员触及，且并未出现进球，则判为发球门球。

发球门球不可以直接得分。如果球直接进入掷球门球的守门员本方球门，则判给对方角球。如果球直接进入对方球门，则判对方掷球门球。

停表状态下，守门员只允许用手发球，只有在活球状态下（即球没出界，在场内且没有停表状态下，守门员持球），可以用脚进行发球。

（一）守门员发球程序

- 由守方守门员在罚球区内任意一点将球掷出或释放；
- 当球被掷出或释放且明显移动时，即为比赛恢复；
- 当发球方准备好恢复比赛或裁判员示意发球方准备好恢复比赛时，应在4秒内将球发出，恢复比赛。
- 对方队员应处在罚球区外，直至比赛恢复。

（二）守门员发球违规与处罚

如果比赛恢复后，掷球门球的守门员在其他队员触及球前再次触球，则判罚间接任意球。如果守门员手球犯规：

- 判罚直接任意球；
- 如果犯规发生在守门员的罚球区内，则判罚间接任意球。

如果掷球门球时，对方队员因没有时间离开而处于罚球区内，裁判员允许比赛继续。在掷球门球时处在罚球区内或在比赛恢复前进入罚球区的对方队员，在比赛恢复前触及或争抢球，应重掷球门球。在比赛恢复前，如果队员进入罚球区内，对对方队员或被对方队员犯规，应重掷球门球。依据犯规情况，犯规队员可被警告或罚令出场。如果球门球没有在4秒内发出，由对方踢间接任意球。对于其他任何犯规，重掷球门球。

十六、角球

当球的整体从地面或空中越过球门线，而最后由防守队员触及，且并未出现进球，则判为角球。角球可以直接踢入对方球门得分。如果角球直接踢入本方球门，则判给对方踢角球。

（一）发角球程序

- 球应放在距球越过球门线处最近的角球区内；
- 球应放定并由进攻队员踢球；

- 当发球方准备好恢复比赛或裁判员示意发球方准备好恢复比赛时，应在 4 秒内将球发出，恢复比赛；
  - 当球被踢且明显移动时，即为比赛恢复，球无须离开角球区；
  - 在发球的一瞬间，只有发球队员可以位于场外；
  - 对方队员应距角球弧至少 5 米，直到比赛恢复。

（二）违规与处罚

如果比赛已经恢复，踢球队员在其他队员触球前再次触球，则判罚间接任意球。如果踢球队员手球犯规：
- 判罚直接任意球；
- 如果犯规发生在踢球队员本方罚球区内，则判罚罚球点球。除非踢球队员为守门员，这种情况下判罚间接任意球。

如果队员踢角球时，以正确的方式故意将球踢向对方队员以再次触球，但并未使用草率的、鲁莽的方式或过分的力量，裁判员应允许比赛继续。

如果在踢角球时，踢球队员的同队队员离开比赛场地以欺骗对方队员的方式获得有利位置，则违规队员应被警告，由对方掷球门球。

对于其他任何犯规，包括没有在 4 秒内踢出或未在角球区内发球或踢球队员的同队队员在角球踢出时离开场地，由对方掷球门球。

十七、五人制足球裁判特殊手势

（一）4 秒计时

两名裁判员中的至少一名应当清晰地给出 4 秒计时的手势（见图 3-13）。

图 3-13　4 秒倒计时裁判员手势

（二）累计犯规已达到次数手势

第 5 次累计犯规时，裁判手势如图 3-14 所示。

图 3-14　累计犯规 5 次时裁判员手势

（三）暂停手势

上下半场每支队伍都有一次暂停的权利，暂停时间为 1 分钟，裁判手势如图 3-15 所示。

图 3-15　暂停手势

第四章

五人制足球的特点

一、高频率触球与传接技术

由于五人制足球场地小和在场队员人数较少,队员相互之间的距离也相应缩短,使每名参赛队员有更多的机会接触球。所以,五人制足球的传球频度高、密度大,为了增加进攻威胁性选择的一次性传球也较多,球员较多运用前脚掌停球、快速短传和低传配合及个人运控球等技术。这种比赛特点对提高参与球员在实战中的传接球能力有很大帮助。

二、高强度射门与得分优势

根据统计,每场五人制足球比赛每队平均可以射门26次以上,进球一般比十一人制足球比赛高出一倍以上。射门的方式主要是传切突破射门、个人带球突破射门、边路传中包抄射门、补射等。球门前的争夺更为激烈,要求球员射门技术细致、快速。比赛进球多,既带来了良好的观赏性,又有利于培养参与球员的射门能力。

三、快节奏攻防转换

由于比赛空间较小,防守方主要采用盯人抢断反击的方式,进攻方可能运用多种手段如急停、变速、变向、假动作等技术突破对方防线,使攻守双方频繁处于近距离对抗的状态,攻守转换的次数多、频率快、强度大。这种快速的比赛节奏对参与球员的速度和耐力有很高的要求,对提高参与队员的基本身体素质和体能储备有所帮助。

四、 高对抗下的决策能力

五人制足球比赛过程中队员要面临各种各样的进攻或防守问题,准确判断场上形势并做出相应的反应是获胜的关键。特别是五人制足球处于快节奏状态时,快速选择和决策能力起到了关键作用。这种比赛特点有利于磨炼、培养球员快速、细致、巧妙的技战术运用能力,还能提高参与球员的战术意识。

五、 灵活规则与战术多样性

五人制足球因其替换人员次数和时间没有限制,可以让所有队员都参与其中。而因为五人制足球不存在越位规则,球员可以在球场内任何位置进行比赛,因此,战术安排更加灵活多变。这样的比赛特点,可以吸引更多的人员参与,对队员的技战术安排也更有针对性。

第五章
五人制足球的基本技术及训练方法

一、传球技术

（一）脚内侧传球

技术动作结构分析：在脚内侧传球技术动作中，包括 5 个动作环节，即踢球前的助跑、支撑脚的选位、踢球腿的摆动、脚触球的部位和踢球后的随前动作（见图 5-1）。

图 5-1　脚内侧传球

1. 踢球前的助跑

踢球前的助跑是为了在跑动中快速调整人和球的位置，以选择适当支撑脚的位置，为准确踢到球和加大踢球力量做好准备。在踢球的过程中，助跑的方向可以选择斜线助跑或直线助跑，以惯用脚右侧为例，助跑开始时站在球的左后方，助跑方向即为向右前方。

2. 支撑脚的选位

支撑脚的位置是最后击球质量的关键一环，支撑脚的位置需要在球平行的方向，支撑脚与球的距离应 15～20 厘米为宜，支撑脚指向传球的方向。膝关节微屈，身体重心在支撑脚这一侧。支撑脚位置选择是否准确，对踢球的准确性和出球的力量有很大的影响，在固定原地练习之后增加难度，让球处于活动中选择支撑脚的位置。

3. 踢球腿的摆动

踢球力量主要来源于踢球腿的摆动，摆动的幅度越大、速度越快，力量就越大，以脚内侧传球为例，需要摆腿时以髋关节为轴，向外展开大腿内侧面向传球的方向。从后向前摆动，避免由外向里的弧线摆动。不是匀速摆动，而是加速摆动，爆发式的摆动是摆腿踢球的关键。

4. 脚触球的部位

影响出球质量的主要因素在于脚与球的接触部位，也就是击球点。击球点不同会导致球的路线和高度发生变化。脚内侧传球需要踢球的后中部，作用力通过球的中心，使球沿直线移动，才能踢球准确。脚在击球的时候需要足弓端平，脚尖上翘，踝关节锁紧，不可脚尖下耷。

5. 踢球后的随前动作

这个环节应是自然的，不必过分强调，否则会破坏踢球动作的结构连贯性，妨碍下一步动作的展开。

踢球后的随前动作是让身体可以为更快地进行下一步的接球和传球做准备。

▶ 传球练习方法 1（固定点传球）

- 目标：传球的准确性，传接球的质量，传球的速度、角度和力量的控制。
- 球员人数：16 人。
- 组织：球员在 5 米距离传接球，传球后排队尾（见图 5-2）。4 分钟一组，换长距离传球。
- 器材：标志盘、球若干。
- 指导要点：传球时观察队友的接球方向；要求有质量地传球；限制以地滚球的形式进行传接球。
- 变化：拉开距离至 10 米进行传接球，再拉开至 15 米或 20 米传接球。

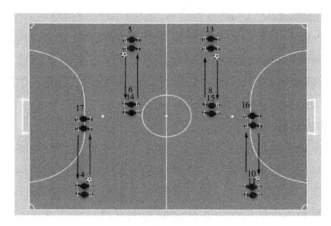

图 5-2　固定传球练习

▶ **传球练习方法**2（4v4+2自由人）
- 目标：提高传球的质量，在有压力的情况下提高控球权。
- 球员人数：16+2GK[①] 人。
- 器材：标志盘、球若干。
- 组织：球员在半场区域内进行传控球练习，控球一方利用自由人做接应，在区域内传控球。若传球出现失误则交换控球方，若为自由人失误则由最后一次传球给自由人的一组变为防守方（见图5-3）。4分钟一组后交换下一组练习。10次传球算1分，两组积分比赛。
- 指导要点：传球的准确性，利用自由人增加人数优势接应传球。注意利用场地的宽度。

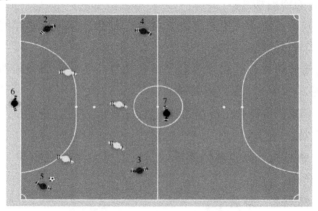

图 5-3　4v4+2自由人传球练习

---

① GK（Goal Keeper）指门将。

（二）挑球传球

▶ **动作要领**

挑球传球时需要将脚放在球的底部，用脚腕的力量向上发力将球挑起。挑起的球像长传球一样成为空中传球（见图 5-4）。挑球传球的速度会比长传球的慢，隐蔽性更高，因为挑球的摆腿幅度并不大。

图 5-4 挑球传球

▶ **挑球传球练习方法**

目标：挑球传球的准确性；传球至接球人脚下；击球部位要准确。

球员人数：16 人。

器材：标志盘、球若干。

组织：球员在距离 15 米区域内两人一组练习，传球至队尾后换下一位球员停球传球（见图 5-5）。4 分钟一组。

指导要点：挑球传球时注意挑传的高度，记住准确的动作。

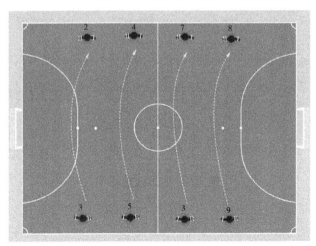

图 5-5 挑球传球练习

（三）扣球传球

▶ **扣球传球的技术动作目的**

扣球传球在五人制足球场上比较常见，由于场地较小，传球需要更隐蔽；在防守时，比较难预判最后传球的方向。熟练掌握扣传技术，可以利用小的空间将球准确地传递出去。扣球传球的技术动作要领在于以脚内侧，即大脚趾位置进行击球，摆腿幅度较小，速度要快，扣球的方向为球的侧后方，击球的底部，身体没有很大的摆动幅度（见图5-6）。

图5-6 扣球传球

▶ **扣球传球练习方法**

- 目标：提高传球的准确性，提高隐蔽式传球的能力。
- 球员人数：16人。
- 器材：标志盘、球若干。
- 组织：球员在图示区域内，先运球至标志点，脚内侧扣传给下一个接球人，然后跑到对面队尾（见图5-7）。4分钟一组。
- 指导要点：运球时要观察接球人的位置，传球时注意隐蔽性及球速，注意击球点的准确性。

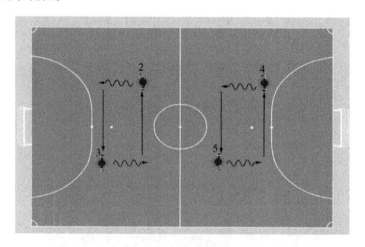

图5-7 扣球传球练习

二、运球技术

（一）脚背外侧运球

▶ **动作要领**

跑动时，身体自然放松，上体稍前倾，两臂自然摆动，步幅不宜过大。运球脚提起时，屈膝，脚跟提起，脚尖稍内转；在迈步伸脚着地前，用脚背外侧向前推拨球，使球直线运行（见图5-8）。向前侧推拨球，会使球以曲线或弧线运行。

图5-8 脚背外侧运球

图5-9 脚内侧运球

（二）脚内侧运球

▶ **动作要领**

运球时，身体重心在支撑脚这一侧，稍屈膝，双手自然放在身体两侧，上体前倾并向里转；随着身体向前移动，运球脚蹬地提起，用脚内侧推球的后中部（见图5-9）。

▶ **运球练习方法**
- 球员人数：16人。
- 器材：标志盘、球若干。
- 组织：球员在20米×10米区域内运球，听到教练员哨音踩停球，或者带球去另一半场区（见图5-10）。

● 目标：传球、击球点的准确性，以及摆腿幅度。

● 指导要点：运球时，要观察其他球员的位置，运球动作要准确，并注意躲避，同时观察空间情况。

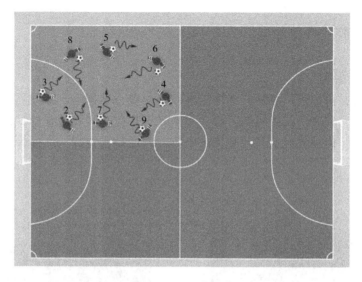

图 5-10　运球练习

（三）带球跑

在进行控球运动时，无论球员使用脚部的哪个特定部位与球接触，其核心原则是确保足球与球员的脚部保持紧密的距离。在控球过程中，球员应保持对比赛动态的全面观察，避免频繁低首注视着球，因为有效地运球需要依赖广阔的视野来做出技术与战术的决策。（见图 5-11）

▶ **带球训练方法**

● 目标：掌握带球跑技术，使用脚背内侧、外侧脚底，左右脚练习。

图 5-11　带球跑

● 球员人数：16 人。

● 器材：球若干。

● 组织：球员沿着场地的直线进行运球，保持对球权的控制。当遇到队友从另一个方向过来时，球员转身沿着直线往回运球（见图 5-12）。

● 指导要点：注意观察周围的情况，不要一直低头看球，球不要距离自己身体较远，记住准确运用动作。

- 变化：教练用动作提示球员换动作运球（可以是脚底踩球，拖拉运球，向前、向后拖拉球），不要用语言提示，培养队员观察周围情况的能力。

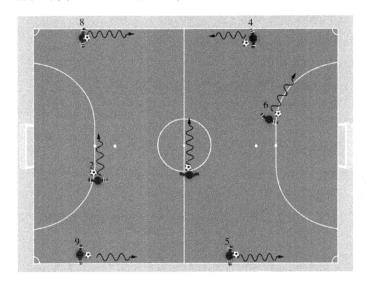

图 5-12　带球跑训练

三、控球、接球技术

（一）脚底控球

五人制足球接球技术与十一人制足球接球技术稍有不同。在十一人制比赛中，球员经常使用脚内侧停球来控球，但是，在五人制比赛中使用这种技术动作会导致足球弹离身体较远。在空间较小的比赛中，球员须具备出色的控球能力，因此，五人制足球运动员更多采用脚底控球。这可以让球离身体更近，也可以更快速地出球。球员可以将球停住或在第一次触球时将球停到自己想要的方向，以达到更快处理球的目的。脚底踩停球技术是五人制足球比赛中最重要的接停球技术。

图 5-13　脚底控球

▶ 动作要领

接球时，身体重心降低，用脚前掌的部位踏球的上部（见图5-13），踩球时不需要使用很大的力量；当球滚动至身前时，抬脚踩球即可。

▶ 脚底控球练习（传接球+4v2传抢）

- 目标：熟练运用脚底控球技术。
- 球员人数：16人。
- 器材：标志盘、球若干。
- 组织：第一组球员做一停一传练习5分钟后换成4v2传抢练习（见图5-14）。
- 时间：20分钟。
- 指导要点：传球的准确性；停球时要停在准确的部位；停球后，连接加快；传抢时，注意停球时第一次触球的方向。
- 变化：限制4v2时传球人的触球次数，提高接停球的成功率。

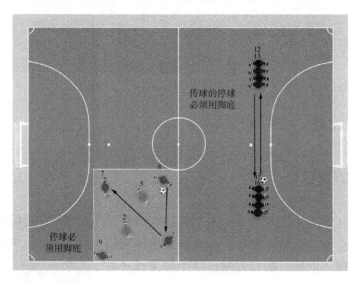

图5-14 停球训练

（二）拖拉球

▶ 动作要领

保持重心降低，脚底在球中上部；拉球时，身体重心跟随球移动，身体与球的距离可以远一点（见图5-15），在连贯动作中可以更快地连接到下一个技术动作。拖拉球训练可以提高球性、球感，可以掌握控制球的前后左右方向。

图 5-15 拖拉球

▶ **拖拉球练习**
- 目标：熟练并合理运用拖拉球技术。
- 球员人数：16 人。
- 器材：标志盘、标志桶、球若干。
- 组织：8 个人一组，分成两组。第一种练习是带球到标志桶，拖拉球摆脱过标志物，继续带球到对面队尾；第二种练习是传球给对面球员，接球队员直接用拖拉接球并传球至对面球员（见图 5-16）。

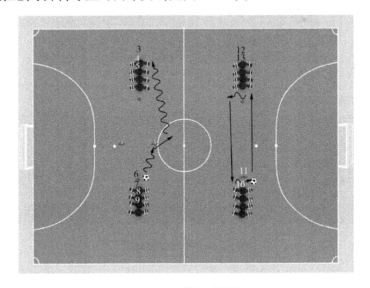

图 5-16 拖拉球训练

- 时间：20 分钟。
- 指导要点：注意传球时的准确性，拖拉球时注意部位的准确；停球后，连接加快；传抢时，注意停球第一次触球的方向。

四、射门技术

（一）脚背正面射门

▶ **动作要领**

在踢球技术动作中，脚背正面射门包括 5 个动作环节，即踢球前的助跑、支撑脚的选位、踢球腿的摆动、脚触球部位和踢球后的随前动作（见图 5 - 17）。触球的部位在球的后中部位置。射门时，需要脚背绷紧、踝关节锁住并在击球时不能松力。击出球后，脚自然落地并向前跑动。射门的动作过程中，在击球后身体不要后仰，重心向前倾，这便于做出之后的进攻或防守动作。

图 5 - 17 脚背正面射门

（二）脚尖捅射技术

在五人制足球比赛中，由于场地的限制，在场上的任何位置都可以选择射门，但五人制足球与十一人制足球的射门有所不同，因为球门较小，所以射门时需要更大的力量，可选择用脚尖进行捅射。脚尖捅射的隐蔽性高，几乎不需要摆腿动作，另外，球速也会更快，这不利于守门员做出正确的判断与扑救，所以，脚尖捅射是五人制足球中更高效的进球方式。

▶ **动作要领**

摆腿速度加快，击球点准确，脚趾自然平放，不要蜷缩（见图 5 – 18）。

▶ **射门练习 1（正面传接球射门）**

- 球员人数：16 人。
- 时间：20 分钟。
- 器材：标志盘、球若干。
- 组织：球员将球传给教练或者做墙队员，接球后射门（见图 5 – 19）；可以选择远射或 1 v 1 突破守门员射门。
- 目标：提高射门能力，射门技术合理运用；尽可能地将球踢进球门框。
- 指导要点：选择合理的射门技术或突破射门；射门时注意观察守门员的位置；选择角度射门或者脚尖捅射。
- 变化：可以增加防守人，给射门队员提供比赛场景和增加难度。

图 5 – 18　脚尖捅射技术

图 5 – 19　正面传接球射门训练

▶ **射门练习 2（背身摆脱射门）**

- 球员人数：16 人。
- 时间：20 分钟。
- 器材：标志盘、球若干。

- 组织：进攻队员接球或护球转身射门；接球前，需要有向两侧摆脱的假动作（见图5-20）。
- 目标：提高射门能力，射门技术合理运用，尽可能地将球踢进球门框。
- 指导要点：进攻队员接球时身体的姿态，侧身拿球接球前要有假动作；转身后观察守门员位置，选择射门脚法，或1 v 1突破守门员射门。

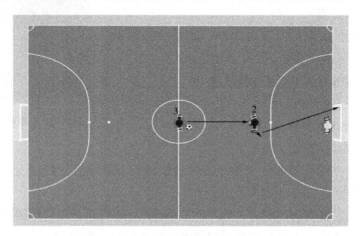

图5-20　背身摆脱射门训练

（三）角球点射门

▶ 射门练习3（角球点射门）
- 目标：提高此区域射门得分的能力。
- 目的：射门或传二门柱的射门。
- 人数：16+4GK 人。
- 时间：20分钟。
- 场区：20米×20米。
- 器材：球若干。
- 组织：传球队员把球传到跟射门队员同一条线上射门（见图5-21），10分钟换另一个方向。
- 指导要点：射门重心、脚下步伐、摆腿方向以及角度；注意传球方向跟球速；准备射门队员，调整好脚步，注意摆腿跟射门方向，射门完注意补射；一侧练习10分钟后交换方向。
- 变化：射完门，队员到二门柱进行包抄。

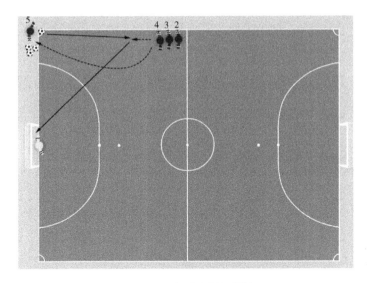

图 5-21 角球点射门训练

（四）十米点射门

在运动战中，会有很多射门的尝试，十米点对守门员来说是比较危险的位置，很多边路内切和中锋回敲传球的方向都在十米点两侧。在这个位置上的进球率很高，因为在这个点上的射门球速快、角度好，使守门员较难做出判断。因此，十米点射门技术经常运用在运动战中，十米点也是对守门员最有威胁的射门位置。

▶ **射门练习 4（十米点射门训练）**
- 目的：掌握好射门力量、射门角度。
- 目标：提高 10 米点射门得分的能力。
- 人数：16+4GK 人。
- 时间：10 分钟两侧换方向。
- 场区：20 米 ×20 米。
- 器材：球若干。
- 组织：分成两组，一组传球，一组接球射门。接球射门选择内线或者外线。快速形成射门，尝试多种射门方式（见图 5-22）。10 分钟两侧换方向。
- 指导要点：提高射门准确率，观察守门员位置，并根据守门员位置尝试多种射门方法（捅射等）。
- 变化：接球再加一次射门，与守门员进行射门比赛，加上奖惩机制。

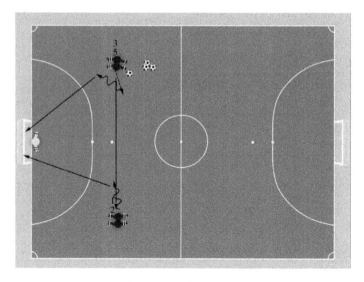

图 5-22　十米点射门训练

（五）中锋移动到边路的射门

队员把球传到空当位置，找到中锋，形成支援，围绕中锋创造机会，进行射门。这种场景一般出现在 3-1 阵型里。在运动战中，通过一些小组之间的配合利用防守队员没有关闭好的空间，把球传给中锋；中锋利用身体优势，进行护球，等待队友的支援；或者利用个人能力进行转身射门，这是五人制中使用最多的阵型和最简单、最直接的进攻方式。

▶ **射门练习 5（中锋移动到边路射门训练）**

- 描述：根据中锋位置，找到中锋后传球，跟进支援进行射门和包抄二门柱。
- 目的：利用中锋身体优势进行支援，形成射门。
- 人数：16+4GK 人。
- 时间：20 分钟，一侧 10 分钟。
- 场区：20 米×20 米。
- 器材：球若干。
- 组织：两名队员进行传球，中锋给要球信号，把球传给中锋，跟进支援，准备射门或者包抄二门柱（见图 5-23）。
- 指导要点：中锋的背身靠人，以及护球技术运用，支援的跟进速度和跑动位置，二门柱的包抄，做好射门的准备，把传接球、回敲球做好。

- 变化：中锋进行后踩后，去回头点做接应射门准备。

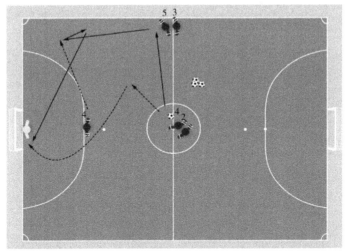

图 5-23 中锋移动到边路射门训练

（六）中锋在中路的射门

队员把球传到空当位置，找到中锋，形成支援，围绕中锋创造机会，进行射门。这种场景一般出现在 3-1 阵型里。在运动战中，通过一些小组之间的配合和防守队员没有关闭好的空档，把球传给中锋，中锋利用身体优势，进行护球，等待队友的支援；或者利用个人能力进行转身射门，这是五人制中使用最多的阵型和最简单、最直接的进攻方式。

▶ 射门练习 6（中锋在中路的射门训练）
- 描述：根据中锋位置，找到中锋后传球，跟进支援进行射门和包抄二门柱。
- 目的：利用中锋身体优势进行支援，形成射门。
- 人数：16+4 人。
- 时间：20 分钟。
- 场区：20 米 ×20 米。
- 器材：球若干。
- 组织：两名队员进行传接球，中锋给要球信号，把球传给中锋后，跟进支援传球，准备射门或者包抄二门柱（见图 5-24）。一侧 10 分钟后再换另一侧。

- 指导要点：中锋的靠人技术以及护球技术；支援的跟进速度以及跑动位置；二门柱的包抄；做好射门的准备；回传球的准确率。
- 变化：中锋可以进行转身打门。

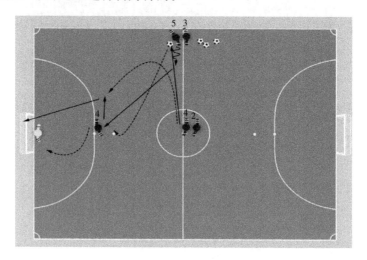

图5-24　中锋在中路的射门训练

（七）单刀球

比赛中会短暂地出现面对守门员的单刀球情况，根据场上守门员的位置距离做好射门的准备。把握单刀出现时的机会，扩大比赛得分优势，赢得比赛的进球。

▶ 射门练习7（单刀球射门训练）
- 描述：根据守门员位置，选择1v1过人或者直接射门。
- 目的：形成单刀球快速带球靠近球门，进行射门或突破打空门。
- 人数：16+4人。
- 时间：20分钟。
- 场区：20米×20米。
- 器材：球若干。
- 组织：守门员发球给三个点任意位置的队员，队员拿球后快速带球向前，根据守门员位置选择射门或者靠近，进行过人1v1守门员突破等进攻方式（见图5-25）。
- 指导要点：射门时机、过人节奏、射门角度。
- 变化：增加难度，限制5秒内完成射门。

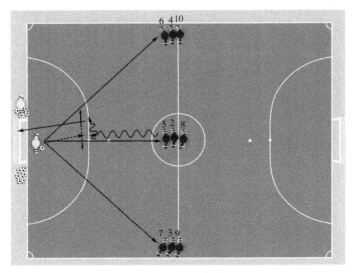

图 5-25 单刀球训练

（八）摆脱射门技术

五人制足球节奏很快，在半场的区域里，经常进行 1 v 1，进攻队员应进行无球摆脱防守，然后选择一个队员接球形成射门。摆脱射门技术主要体现了队员的摆脱接应能力、观察能力、射门的技术、反应及体能耐力。

▶ **射门练习 8（摆脱射门训练）**
- 目标：提高 1 v 1 情况下的摆脱射门得分能力。
- 人数：12 + 2 人。
- 时间：20 分钟。
- 场区：20 米 × 20 米。
- 器材：标志服、球若干，球门。
- 组织：区域里面的队员先进行摆脱，给传球队员信号，接球面对球门，快速射门（见图 5-26）。每个队员 10 个球一组，然后换下一个队员，直到所有人都完成。两队固定进攻方向，选择本方的守门员。一个人 10 个球一组，轮换。
- 指导要点：摆脱的假动作，摆脱后的加速，移动的重心，射门的部位及角度，射门后的第二反应，接应时的呼应。
- 变化：两边球门都可以射门，不固定进攻方向。

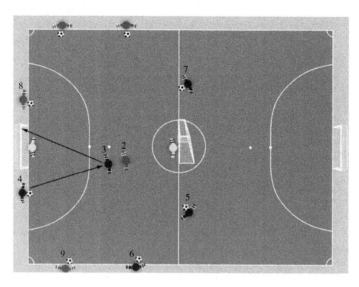

图 5-26 摆脱射门训练

（九）边路 1 v 1 突破射门

比赛中会出现很多边路 1 v 1 的场景，边路 1 v 1 也是五人制足球战术行为中的一个环节，如果球队里有个能力很突出的队员，尽可能地给他制造边路 1 v 1 突破的机会，形成局部的人数优势，利用突破后的空当完成射门或者传球。

▶ 射门练习 9（边路 1 v 1 突破射门训练）

- 描述：根据防守队员位置，选择过人方向，利用节奏的变化进行突破完成射门。
- 目的：提高边路的个人突破能力，提高射门成功率。
- 人数：16+4 人。
- 时间：20 分钟。
- 场区：20 米 × 20 米。
- 器材：球若干。
- 组织：中间队员拿球跟防守队员先做一次传球后开始进攻，球只要传给边路队员，边路队员利用速度、节奏、假动作等方式进行突破，完成射门（见图 5-27）。进攻防守交换。
- 指导要点：注意过人时节奏的变化，摆脱时要加速，变向时的幅度。
- 变化：进攻跟防守进行 1 v 1 进球的比赛。

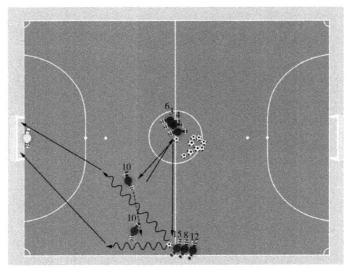

图 5-27 边路 1v1 突破射门训练

五、头顶球技术

头顶球技术包括原地、跳起前额正面顶球，头球射门等。

▶ 动作要领

头顶球时，用头部前额的部位接触球，击球的点不同，出球的路线就会不同。在击球时，双脚移动，时刻准备迎球状态，双脚可以前后站立。膝关节微屈，双手自然放置身体两侧端起，眼睛注视来球方向，下巴收紧，脖子挺住，不要在接触球时缩脖子。腰部在击球前需要做向后展腹、向前收腹的动作，通过腿部、腰部协调发力完成最后击球的动作（见图 5-28）。球在空中时要留出预摆时间，球在正前方时击球。训练方式如图 5-29 所示。

图 5-28 头顶球技术

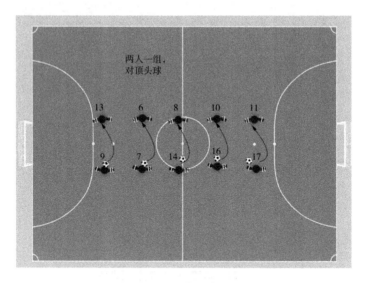

图 5-29　头顶球训练

六、无球跑动方法

在五人制足球比赛场上，因为场地的空间比较小，需要球员们具备更多的无球跑动以制造传球空间和机会。这些无球跑动动作的使用率非常高，这也是五人制足球的强度更大的原因，比赛中基本都是无氧的状态。在接球时，需要根据对手防守的强度进行无球跑动的摆脱，其中，一些无球跑动是为了找到空间合适的拿球位置，而另一些则是为了拉开可以传球的空间，为队友准备接球创造机会。无球跑动在五人制战术行为中也是基本且重要的一个环节。

（一）鱼钩跑动

在对抗比较激烈的比赛中，防守方都是贴身紧逼，要想在狭小的场地中赢得空间和时间，进行鱼钩跑动是摆脱对手的一个重要战术。鱼钩跑动是指持球队员在传球给队友后，迂回绕开防守队员，通过鱼钩状的弧线跑动拉开传球空间（见图 5-30）。

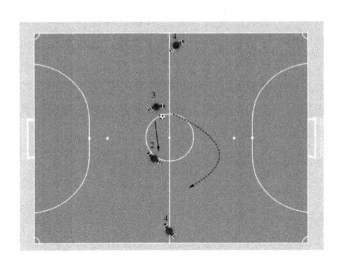

图 5-30　鱼钩跑动

(二)"8"字跑法

"8"字跑法，首先需要中路持球队员传给一侧并做迂回跑动，侧上前接球后带球到中路与另一侧边路做同样的传球配合与跑动（见图 5-31）。

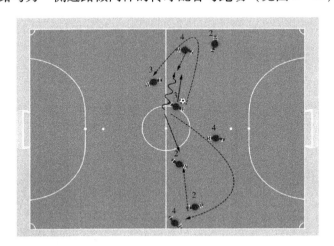

图 5-31　"8"字跑法

(三) 变速变向

五人制足球中的变速变向跑是一种特有的跑动方式，其核心本质在于跑动中的变向和突然加速。这种跑动方式在五人制足球比赛中非常常见，尤其是在进攻时，为了摆脱对手并占据更有利的接球位置，进攻队员会采用这种突然变向加速的跑位方式。在比赛中，直线跑动接应的情况较少，多数情况下，进攻队员会选择变向跑动来摆脱人盯人的防守战术（见图5－32）。变向跑动可以是先直线跑动后突然向左或向右变向，或者先向左再向右变向，具体的变向组合方式会根据比赛中的实际情况来选择。

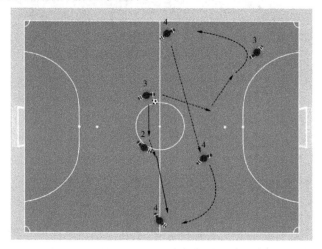

图5－32　变速变向

七、抢断球技术

五人制足球比赛中，常用的抢球技术主要依靠"扫、钩、跨、捅"动作组合实施抢球防守。

（一）"扫抢"技术

"扫抢"技术指的是抢球队员以立足腿为轴，将抢球腿向一侧伸出，沿地面横向扫动的抢球动作（见图5－33）。这项技术主要是针对进攻队员运球靠近防守时突然向两侧变向、拨球过人的防守动作，扫抢的防守面积较大，常用于边路向中路带球内切突破时的防守行为。

图5－33　"扫抢"技术

(二)"钩抢"技术

"钩抢"技术主要是指在控球队员用身体掩护球时,防守队员把同侧脚伸入控球队员胯下,并用回扣的动作抢回球权(见图5-34)。

图5-34 "钩抢"技术

(三)"跨抢"技术

"跨抢"技术主要是指控球队员带球或转身时球距离自己的身体较远,被防守队员提前预判到意图,则防守队员快速用身体卡住护球身位抢下球的一种防守技术动作(见图5-35)。

图5-35 "跨抢"技术

(四)"捅抢"技术

"捅抢"技术是指在防守队员对控球队员施压时,突然伸脚并用脚尖把球捅出进行破坏或抢得控球权(见图5-36)。

图 5-36 "捅抢"技术

八、守门员技术

五人制足球守门员是比赛场上最重要的一个环节，守门员的表现足以影响一支球队的比赛成绩。守门员在场上占据了一个特殊的位置。在现代足球发展中，对守门员的要求越来越高。防守时，守门员就是最后一道防线，是可以守门的后卫；进攻时，守门员又是发起者，是根据比赛场景进行协助进攻的"组织者"、进球得分的终结者。对守门员的要求是成为既可以守门，又能进球的全面型足球运动员。

（一）守门员的保护措施

五人制足球中守门员在训练和比赛时，会穿戴护膝、护肘对自己进行保护，有些门将会带半截守门员手套，而有些则不戴，他们用自粘弹力绷带或者胶布这种保护装备保护手指、手腕。

想要保护好手指，守门员要采取一些必要的措施，在没有受伤时有效的保护可以防止和杜绝受伤。在受伤之后的恢复阶段，进行有效的保护也可以防止旧伤未愈又二次受伤。护具如图 5-37 所示。

图 5-37 护肘（左）和护膝（右）

同时，还要保证防护措施不影响身体活动，在拿球时可以保持好对球的控制，至少要能弯曲到抓紧足球的幅度且不会让守门员感到不舒服，保护措施如图 5-38 所示。

  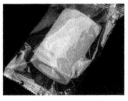 

　白胶布　　　白胶布缠绕方式　　　白粘弹力绷带　　　弹力绷带缠绕方式

图 5-38　守门员保护措施

测试方法：在固定好绷带之后需要测试是否舒适。紧握双拳检查手指的弯曲程度，握拳时是否有不适的感觉。

（二）准备动作

五人制足球中，守门员的准备姿势如图 5-39 所示：两腿保持与肩同宽或者两腿的距离比肩更宽一点，以便于在进行 K 型封堵等技术动作时，能更快速地启动。双手抬起与身体呈 90°，两手掌对立，可以在来球时更快地出手接球。

（三）守门员基本接球技术

图 5-39　守门员准备动作

在基本接球技术方面，五人制足球中守门员的基本接球技术与十一人制守门员的大致一样，但五人制由于场地小、射门多、距离近、力量大，所以会有更多的专项训练，更符合比赛的场景跟实际的运用。

1. **手型**

五指分开，手腕固定用力，同时，两手拇指相对成"八"字形，手指、手腕处用力，掌心不需要贴在球上面。接球时，要尽量伸展手臂，但不要完全伸直，微弯曲，确保自己在最高点接到球（见图 5-40）。

图 5-40　守门员接球手型　　　图 5-41　守门员地滚球

2. 地滚球

准备接球时，身体正对来球，两腿分开与肩同宽或比肩更宽一点，一腿深屈支撑身体，另一腿膝盖内转似跪撑，膝盖接近地面并靠近深屈腿的脚跟，两条腿在同一条直线上，上体前屈，手臂下垂，两手小指相对，手掌对准来球垂直接球（见图 5-41）。在接住球时不需要将球收回抱在怀中，而是控制在手里即可。

▶ **守门员手型（地滚球训练方法 1）**

- 球员人数：4GK 人。
- 组织：球门中间开始，另外两个辅助练习的守门员对准球门柱延长到禁区线准备好，接球队员进行移动，脚下步伐尽量小，快速移动到门柱中间，开始接球（见图 5-42）。
- 目标：持续重复动作，熟练掌握技术动作。
- 指导要点：移动、重心、准备姿势、技术动作。

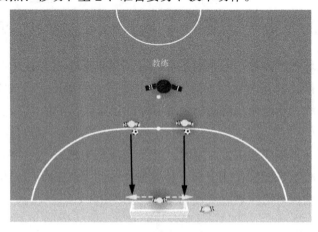

图 5-42　地滚球训练方法 1

▶ **守门员手型**（地滚球训练方法2）
- 球员人数：4GK 人。
- 组织：守门员手拿球，位于球门中间开始，重心降低，抛球给教练，然后快速移动摸一侧门柱回位到中间做接球手型，同步移动至另一侧门柱，回中间（见图5-43）。
- 目标：持续重复动作，熟练掌握技术动作。

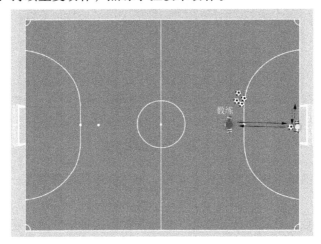

图5-43 地滚球训练方法2

- 指导要点：身体重心放到前脚掌，加快移动频率；当教练把球踢出时，站住，准备好，不要左右移动。

3. 左右扑球

扑两侧的低球时（举例左侧），右侧脚进行蹬地，左侧腿屈膝跨步，身体向左侧倾倒，脚着地后，随之小腿、大腿、臀部、上体和手臂的外侧依次着地，同时，两臂向球伸出，左侧手掌心正对来球，右侧手在左手前侧上方，两拇指靠近，手腕稍向里弯，触球后把球收回胸前，站起（见图5-44）。

▶ **守门员扑球训练方法1**
- 球员人数：3GK 人。

图5-44 守门员左右扑球

- 组织：守门员站在球门中间准备开始。一共三个点，从右侧开始，先向前移动绕桶到右边接一个右侧地滚球；起转身，从桶后扑中间人的一个左侧扑球，在起身向前另一侧绕桶，到左侧接一个近门柱的倒地扑球；起身从桶后扑一个右侧的扑球，结束一组（见图5-45）。反复练习4组后，换下一个人，继续练习。

图 5-45　扑球训练方法 1

- 目标：熟练掌握扑球的技术动作，提高扑球后起身和下一个扑球的连接动作速率。
- 指导要点：移动时保持重心，扑球倒地后起身要快速、连贯。

▶ **守门员扑球训练方法 2**

- 球员人数：3GK 人。
- 组织：守门员站在球门中间准备开始。一共三个点，从 A 开始，先向前移动双手，摸两个标志盘，然后退回准备 A 点射门；守门员摸盘后退，同时进行射门；封堵第一个射门后，移动到左侧摸标志盘后扑 B 点进行的球，然后起身摸标志盘扑 C 点的球（见图 5-46）。每个点各 3 个球，全部做完 1 组结束，进行轮换。

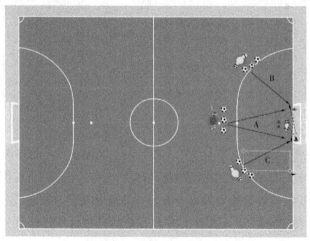

图 5-46　扑球训练方法 2

- 目标：移动中保持重心，可以随时进行扑球。
- 指导要点：移动时，保持低重心，摸盘、扑球后的起身动作要快，且连贯，眼睛看球。

4．挡球出界

挡球是守门员有意识的训练，将射门的来球挡出界外。比赛中，有很多近距离、力量大的正面来球。面对这种来球时，强行去接可能会造成脱手。脱手的球没有固定方向且难以控制，容易让对手在门前形成威胁球门的补射。在这种情景下，更多的五人制足球守门员会选择用挡球这个动作化解这次射门，让来球出危险区域以便重新布置防守。

▶ **守门员挡球训练方法**

- 球员人数：4GK 人。
- 组织：守门员站在球门中间准备开始。一共三个点，从三个不同的角度进行射门，守门员必须将球挡出界外。禁区里的球员在罚球区里移动，准备补射（见图 5-47）。
- 目标：熟练掌握挡球的技术动作，从不同角度将球挡出。
- 指导要点：移动时，保持重心，扑球倒地后起身要快速、连贯。

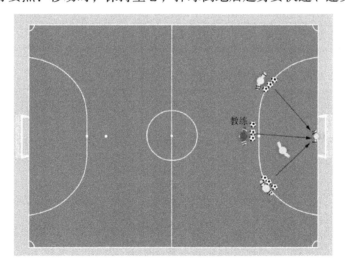

图 5-47 挡球训练方法

5．下腿

下腿时肩膀和膝盖置于一条线上，然后向一侧屈膝下身，脚尖要时刻向上勾，腿跟身体在同一条线上，上身向前不要后仰。胳膊打开，在腿上面，如果是低球，则在腿前将球拿住；如果是半高球，双手打开，将球挡出（见图 5-48）。

图 5-48 下腿

▶ **守门员下腿训练方法 1**

● 球员人数：3GK 人。

● 组织：两侧门柱外各一米距离各摆放 4 个标志桶。守门员在球门中间点，教练两侧的踢球队员对准门柱在禁区线后踢地滚球，教练在中间准备发球。守门员先在原地接教练的发球，练习一个手型。然后从左侧开始，移动到左边推倒第一个标志桶后移动到另一侧接一个下腿球，起身再回到中间接球。重复开始，到反方向一侧推倒桶后移动到另一边接一个下腿球（见图 5-49）。重复进行，直到所有标志桶都被推倒，换下一个球员练习。

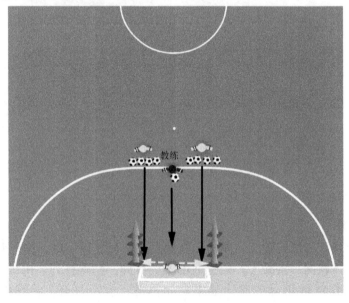

图 5-49 守门员下腿训练方法 1

- 目标：熟练掌握下腿技术，移动时保持重心。
- 指导要点：守门员身体的重心、移动的速度、下腿的速度、快速起身的连续性。

▶ **守门员下腿训练方法 2**

- 球员人数：4GK 人。
- 组织：教练员发球，两个位置的队员都可以接球。队员接到球后，可以选择直接射门近门柱，也可以选择把球传到二门柱位置，由另一名队员进行射门。如果守门员提前移动，可以选择 A 线路直接射门；如果守门员位置很好，可以选择 B 线路进行二门柱的射门。（见图 5 – 50）
- 目标：熟悉在比赛中经常出现的场景，反复练习移动下腿技术，移动时保持重心，选择正确的位置。
- 指导要点：守门员首先保护好前门柱，履行好守门员的基本职责，如果有可以下腿进行横断封堵的路线要大胆尝试，封堵好路线。传球给二门柱队员，守门员始终保持低重心移动，这样可以快速地进行下腿封堵，也可以保证在移动中不会失去重心，能够站住做动作，注意下腿的速度、角度和方向，以及手的位置。

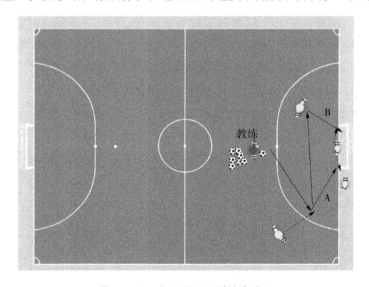

图 5 – 50　守门员下腿训练方法 2

6. K 型封堵

在使用 K 型封堵的时候有两个细节要注意（见图 5 – 51）。

（1）支撑脚着地的腿不能离跪姿着地的腿太远，否则两腿之间就会形成一个巨大的洞，要保证球不会从两腿之间穿过。所以，两腿之间要尽量离得近一点，两腿的距离大概保持 20 厘米，约一拳的距离。要低位摆动双手,这样,守门员就形成了一道坚固的"墙",几乎没有留给对手可以打穿的空间。

(2)向下的膝盖不触地,位于地面之上,保持将要触地但没有触地的状态。当身体下沉时,膝盖也随之向下,但是不能完全和地面接触。因为如果完全跪下,就很难再次快速起身,若遇到反弹球时,就不能第一时间进行二次扑救。相反,如果膝盖半悬,就可以快速起身进行二次扑救。记住,要向内收缩膝盖,不能完全触地。

图 5-51　K 型封堵

▶ **守门员 K 型封堵训练方法 1**

- 球员人数：4GK 人。
- 器材：标志桶、标志盘、球若干。
- 组织：在三个标志盘中间空位放两个球,从标志桶后开始,移动到第一个标志盘中间进行一个封堵；然后不起身,连续移动到下一个标志盘中间再进行一个封堵。注意,第二个封堵时要进行方向的变化。右侧从右边腿开始第一个方向,之后同时移动一步进行一个地滚球扑球倒地（见图 5-52）。一组结束,交换下一个人,做完换一个方向继续。
- 目标：封堵的连续性、重心的保持、连续的救球。
- 指导要点：身体移动时的重心不要后仰、脚下步伐要清晰、手跟随身体的运动打开、保持动作的连贯性。

图 5-52　守门员 K 型封堵训练方法 1

▶ **守门员 K 型封堵训练方法 2**

- 球员人数：4GK 人。
- 器材：标志盘、球若干。
- 组织：2 名进攻队员在禁区内站成一条直线，距离与球门线平行，相互之间进行传球，连续传球后可以射门，也可以根据守门员的位置选择直接射门。守门员必须跟随球移动并且要观察传球路线，保持专注，随时准备靠近封堵（见图 5-53）。
- 指导要点：移动中的重心保持；K 型封堵跪腿的速度；腿不要完全落地；控制住重心，不要后仰也不要前倾；手打开，身体正面对射门人；快速移动尽可能地靠近射门人。

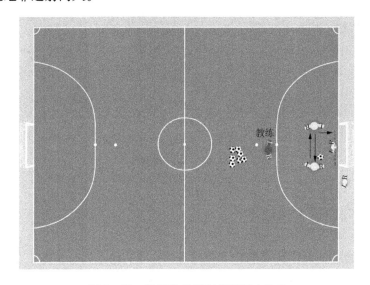

图 5-53　守门员 K 型封堵训练方法 2

7. 滑跪

重心降低，向前迈腿弯曲蹬地时膝盖顺势向前接触地面，另一侧腿跟上，双腿分开，扩大防守面积，双手放在身体两侧从后向前摆动，胳膊伸直固定住。身体保持端正，球在身体中间，不要往一侧倾斜，后脚靠近，不要分开，尽可能扩大防守范围（见图 5-54）。

▶ **守门员滑跪训练方法**

- 球员人数：4GK 人。
- 器材：标志盘、球若干。

图 5-54　滑跪

- 组织：教练员发球向禁区里手抛球，守门员从门里向球的方向进行滑轨移动（见图5-55）。5个球一组，换下一个人。
- 目标：熟练掌握技术动作并合理的运用。
- 指导要点：注意观察球与自己的距离，滑轨的技术动作，手跟上身体，保持重心，不要后仰或前倾，注意控制核心，身体要保持直立。

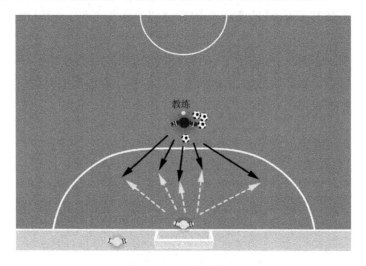

图5-55 守门员滑跪

（四）守门员专项技术

守门员也需要有同样高的脚下传球技术，要有精准的长传球、短传球能力，合理预判并能出击解围，快速地化解危险球离开恢复区，以及获得球权后快速发动反击，准确的手抛球反击。

1. 手抛球

五人制足球守门员的手抛球动作跟十一人制足球守门员的手抛球方法有些许区别。发球时，身体稍侧身发球，单手拿住球的整体，横向出手，从后向前发力，最后由食指跟中指进行方向的控制。发力时，髋关节需要送髋，从腿到髋、腰、肩部依次连贯性发力，把球送出去。抛出去的球的落点可以在目标方向的上方，这样的发球方式会让球的速度更快，球没有特别的转动，也可以让队员更容易地接球，有更多的时间应对对方防守队员的抢夺球权。

2. 长传球

五人制足球同样对守门员的脚下技术有要求，守门员需要好的脚下控球技术。应对紧逼战术情况时，守门员也可以进行出球。在守门员协助进攻的战术中，守门员发现空当的同时也具备了将球传到空当的能力，这可以帮助球队多样化地运用战术。在攻守没有被打破的情况下，守门员帮助球队打破对手的防守线路，创造局部的优势，以取得更多的进攻和进球得分机会。

▶ **守门员传球（发球训练方法1）**

● 球员人数：4GK 人。

● 器材：标志桶、标志盘、球若干

● 组织：一组8个球。第1～2个球时，球教练用脚传给守门员，守门员选择一侧，脚底踩球向选择的方向位置停好球，传进两个标志桶中间。第3～4个球时，教练踢手型给守门员，守门员接好后，进行手抛球到两个队友手里。第5～6个球时，教练踢地滚球，守门员接好地滚球后手抛球到队友接球的位置上。第7～8个球为长传球，教练直接踢进两个靠近底线的球门里（见图5-56）。完成以上练习后换下一位球员。

● 指导要点：守门员发球时的身体姿态倾斜角度，手抛球的手臂发力点，长传球技术运用准确，停球能一脚出球的位置。

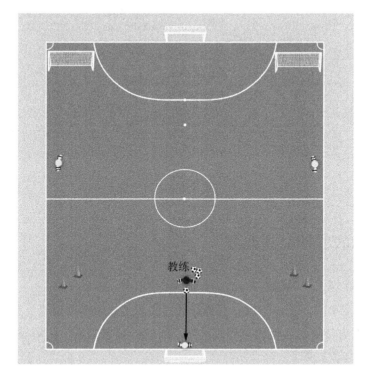

图5-56 守门员传球（发球训练方法1）

▶ 守门员传球（发球训练方法2）
- 球员人数：4+4GK 人。
- 器材：标志桶、标志盘、球若干。
- 组织：守门员根据中锋移动的位置发球，根据中锋的移动，手抛球发球前选择发身前还是身后，或根据接球队员接球的速度和位置守门员选择长传球（见图5-57）。
- 指导要点：守门员发球时的身体姿态倾斜角度、手抛球的手臂发力点、长传球的技术动作要点；出球时跟中锋移动时间的统一，观察与呼应中锋的位置。

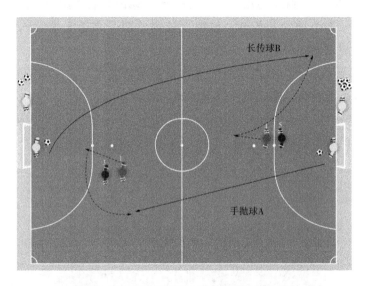

图5-57 守门员传球（发球训练方法2）

（五）守门员的出击解围

始终观察场上的局势，准确预判是否需要出击。

在解围情况时，身体的重心需要降低一些。常见的解围有以下三种场景：

- 当对方传身后直接面对守门员时，需要守门员进行出击解围，根据场上情景选择破坏或拦截。
- 在角球、定位球，或者对方后场起球找中锋的高球中，进行预判，然后选择出击方式，如用头、拳击球进行解围或获得球权。
- 在边直线的挑球、传球这种给出提前量的方式中，并且球员在离球门较远的两侧区域，可以根据位置及球速选择铲、挡等方式进行出击解围。

▶ **守门员出击解围训练方法1**

● 球员人数：4GK 人。

● 器材：标志桶、标志盘、球若干。

● 组织：守门员教练在对方半场进行长传球，一名球员从中圈向禁区线移动，守门员在禁区里准备。球出来后，进行判断并上前，根据球的落点选择出禁区还是在禁区内进行解围。禁区内的争顶可以选择拳击球，解围后回到禁区内的同时，右侧队员向前给一个直传球，守门员快速判断靠近的时机，用铲球的方式进行解围，做完换另一侧（见图5-58）。

● 目标：提高守门员的出击能力，提高守门员出击的选择以及解围的落点。

● 指导要点：守门员的起始位置，保持一个可以随时启动的准备姿势，注意力集中，出击果断。

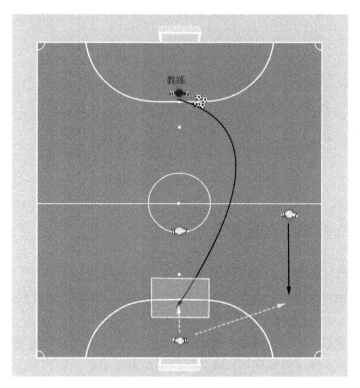

图5-58 守门员出击解围训练方法1

▶ **守门员出击解围训练方法2**

● 球员人数：4+4GK 人。

- 器材：标志桶、标志盘、球若干。
- 组织：一名红色队员进行进攻射门，守门员得球或出界后快速拿球准备快发给两侧插上的队友进行反击；对方守门员出击防守，既可以直接拦截传球解围，也可以对反击进攻的队员形成威慑，延缓时间并等待队友回防，给对手的快速反击造成困难（见图5-59）。
- 目标：提高应对反击时的出击能力。
- 指导要点：守门员的起始位置，保持一个可以随时启动的准备姿势，注意力集中，出击果断。

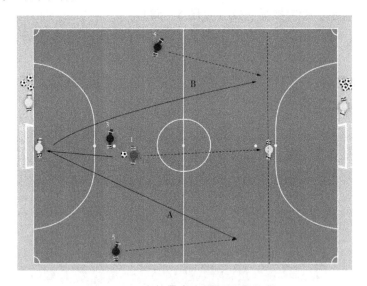

图5-59　守门员出击解围训练方法2

（六）守门员1v1技术

三种守门员防守方式应对1v1射门时的作用：

（1）K型封堵是五人制守门员最常见的动作，也是必须要掌握的一门技术，更多适用于1v1的场景中。

（2）下腿是五人制足球守门员的技术特点之一，多用于球速很快以及来不及移动到位的地滚球的情况下，或是用于对方球员近距离射门时。在这种情况下，守门员会选择用下腿的方式进行防守，封堵住这种射门的同时，还可以用于震慑对手，给自己及队友增加自信及气势，这对比赛起到一定积极的作用。

（3）滑跪是五人制足球中比较特殊的技术动作，多用于来不及移动到射门人的眼前做K型封堵并且对方已经做出射门动作而不能改变的情况下，这时候最快的靠近方式就是滑跪技术。

▶ **守门员组合训练方法1**

● 球员人数：4GK 人。

● 器材：标志桶、标志盘、球若干。

● 组织：准备标志桶、标志盘，守门员从球门中间开始，移动到右侧，在两个桶之间进行滑跪封堵；然后快速起身移动到中间进行连续两个 K 型封堵，K 型封堵的腿是顺方向的；接下来继续移动，进行一个下腿的封堵，起身去球门外捡起一个标志盘放到禁区里的桶边，回到靠近下腿那一侧的门柱进行一个封堵的射门扑挡。（见图5-60）一组结束，换一侧进行两个方向之后交换下一位队员。

● 目标：无氧情况下的重心保持与连贯而快速的技术动作。

● 指导要点：降低重心、快速移动，手跟随身体封堵动作保持统一性、连贯性。

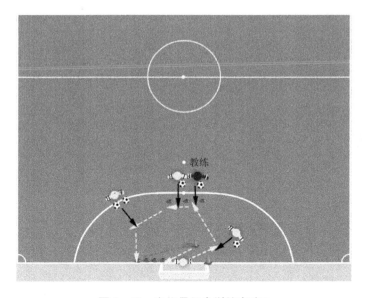

图 5-60 守门员组合训练方法1

▶ **守门员组合训练方法2**

● 球员人数：4GK 人。

● 器材：标志桶、球若干。

● 组织：首先从三个点进行射门，跟传球从 A 点开始到 C 点结束。守门员从标志盘开始，背对拿球队员，听口令转身，快速靠近 A 线路的球员。在守门员转身的同时，A 点球员带球进禁区，射门。守门员快速靠近，站住封堵，然后快速退回球门里摸标志桶，再转身面对 A 点球员。在摸桶转身的同时，A 点球员将另一个球传向 B 线路禁区里二门柱的队员。守门员根据球的路线选择横断或者靠近二门柱做 K 型封堵或者滑跪封堵二门柱，再快速回到标志桶。C 点球员看守门员回到门里，可以将球踢出球门两侧，球速不用很快，让守门员移动出来接球。当守门员接到球后双手抛回，快速移动到球门中间，准备封堵射门。C 点球员射门要求踢地、滚球、打两侧，结束一个循环后换人。（见图 5-61）

- 目标：动作的选择，观察，快速靠近，重心降低的移动，反应快速，手随着身体的运动打开后使用最大面积的封堵。
- 指导要点：重心降低，快速移动，手的动作和身体封堵动作要统一，注意动作的连贯性，反应迅速，选择准确。

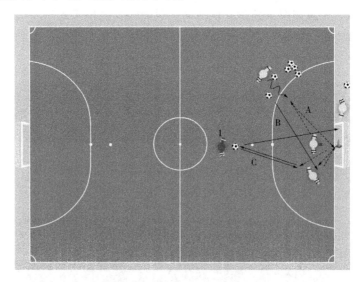

图 5-61　守门员组合训练方法 2

第六章
如何组织一堂课

一、训练课的前期准备

（1）目标（技术的、战术的、身体的和心理的）；
（2）赛季周期（时间）；
（3）周计划；
（4）比赛处于本周的哪一天；
（5）上一场比赛和下一场比赛的时间；
（6）每周的训练课次数；
（7）上一次训练课的总结以及发现的问题；
（8）参加训练的球员数量；
（9）球员们的技术、战术和体能水平；
（10）球员的位置（包括守门员）；
（11）可用的训练设施和运动器材；
（12）天气条件（温度、湿度等）。

二、练习设计与执行要点

（1）练习的目的、训练的主题；
（2）练习的时间、强度以及间歇时间；
（3）重点强调需要特别注意的方面（训练要点）；
（4）练习的组织，确保每一位球员都尽可能地全力参与；
（5）练习的进展，从简单到复杂；
（6）可用的训练器材；

(7) 练习的人数和区域。

三、训练器材的配置与管理

(1) 场地的要求；
(2) 球门；
(3) 球和打气筒；
(4) 标志服；
(5) 标志桶；
(6) 秒表；
(7) 哨子。

四、训练计划的标识与图示

训练计划如图6-1所示。

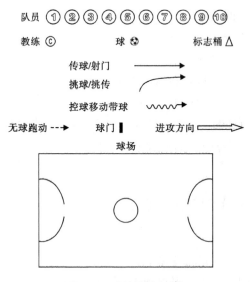

图6-1 训练计划示意

第七章 五人制足球战术介绍

五人制足球比赛场地通常被划分为三个主要的战术区域：恢复区、组织区和完成区（见图 7-1）。①恢复区：这个区域通常位于中后场，球员在此应避免采取过于冒险的行为，如一对一突破或复杂的传球配合。这是因为在这一区域失去球权，对方可以轻易地发动快速反击而无须过多移动即可形成射门或直面守门员。②组织区：中场的组织区是球队进攻组织和连接的关键区域。在进行阵地战或有组织地进攻移动时，球员们更多地在这个区域进行配合，同时与完成区建立联系。③完成区：完成区是进攻的最后阶段，球员可以在这个区域尝试一些更冒险的行动，比如个人突破或尝试威胁性的渗透传球。如果在这个区域取得成功，可以直接威胁到对方的球门；如果失败，由于距离本方球门较远，通常不会带来太大的危险。通过这种区域划分，五人制足球比赛的战术执行更加明确，球员可以根据自己所在的位置和比赛的具体情况采取最合适的行动。

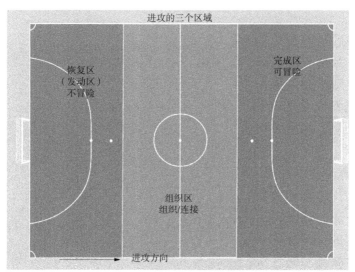

图 7-1　五人制足球进攻三区

五人制足球比赛场地上有两条位置空间区分的线，即纵向的中轴线和横向的中界线（见图7-2）。

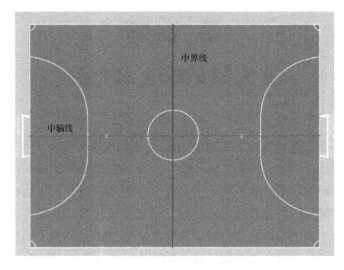

图7-2　比赛的空间介绍

一、个人进攻战术行为

（一）外拉

当局部区域的空当被封闭起来，且防守队员分布密集时，球员会采取特定的战术动作（见图7-3）。具体而言，球员将执行外拉战术，即向场地的一侧边线移动以接应球。这种跑动能扩展场地的使用宽度，从而为球员提供一个更开阔的空间来安全地接球，并保持与防守队员的距离。

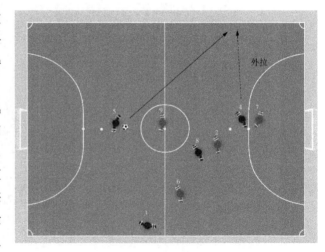

图7-3　外拉战术

（二）后插上、直插

后插上和直插是两种战术动作，它们在某些情况下使用的方法相似（见图 7-4），尤其是在场地一侧进行传接球时，或者当防守队员过于靠近，以及防守保护不足时。直插是一种战术动作，其中，一名球员带球吸引防守队员靠近，然后传球并迅速从防守队员身前移动到对方防线的中间空当区域。后插上则是一种基于观察和判断的战术动作。当一名球员注意到防守队员身后存在较大的空间，并且本方控球队员也能识别出对方防线的空当时，这名球员会向防守队员身后的空当区域移动，以接应传球。

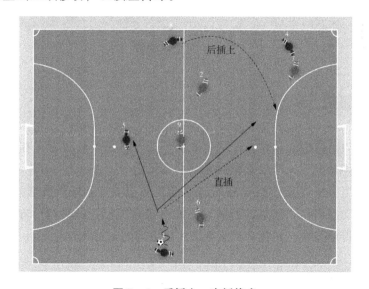

图 7-4　后插上、直插战术

（三）回接

5 号队员控制着球权，而防守队员紧逼准备接球的 3 号队员，导致直接传球给 3 号队员存在被拦截的风险。面对这种情况，3 号队员可以采取一种积极的跑动策略，即回接战术：向前跑动一段距离后，突然急停并回撤到一个合适的位置接球（见图 7-5）。通过这种突然的速度变化，3 号队员不仅能摆脱防守队员的紧逼，还能为自己赢得一个更好的接球位置，并与防守队员拉开足够的距离。

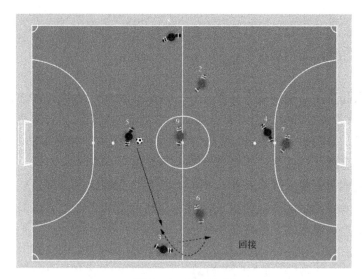

图 7-5　回接战术

（四）斜插

在执行边路传中战术时，传球者注意到防守队员 6 号身后存在一大片空当区域，在这种情况下，可以采取斜插战术（见图 7-6）。此时，中锋已经拉边，将中间的空当区域完全让给了准备斜插的 3 号队员。3 号队员通过斜插动作，不仅可以成功脱离防守队员的盯防，还能更接近球门。这种跑动方式，有助于创造更多的传球路线，并且为球队制造更接近球门的进攻机会。

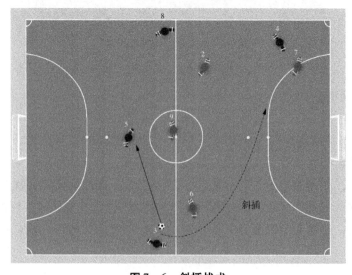

图 7-6　斜插战术

二、两人进攻战术行为

(一) 挡拆

在五人制足球比赛中,挡拆战术是一种频繁使用的配合技巧。在中路持球的9号队员传球给边路的8号队员之后,9号队员会协助8号队员,通过阻挡对方防守队员2号的行动来提供帮助(见图7-7)。五人制足球中的挡拆行为,在战术原则上与篮球比赛中的挡拆有相似之处。挡拆战术不仅在日常比赛中被广泛运用,特别是在定位球(如角球和边线球)发球时,它为射门球员提供了重要的支持。通过挡拆,可以为射门球员创造更多的空间和机会,从而增加进球的可能性。因此,挡拆战术是五人制足球中前场定位球战术中极为重要的手段之一。

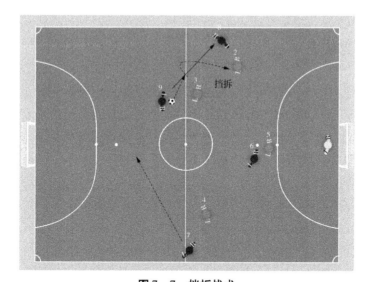

图7-7 挡拆战术

(二) 遮掩

遮掩与挡拆虽然在执行上有相似之处,但它们是两种不同的战术动作。进攻球员3号在传球给4号球员后,会跑动到防守队员5号和进攻队员4号之间,这种跑动可以造成防守队员在盯人时的混乱,从而扰乱对方的防守体系(见图

7-8）。此外，当进攻队员4号持球并感受到来自防守的压力时，3号的遮掩跑动可以有效地减轻4号的拿球压力。这种跑动不仅能够干扰防守队员的判断和行动，还能为4号提供更多的时间和空间来从容地处理球。

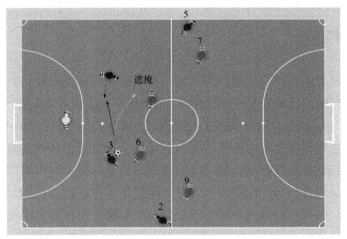

图7-8　遮掩战术

（三）边直线

边直线战术在十一人制和五人制足球比赛中都是一种常见的战术。这种战术的核心在于，当球传给边路的球员后，其他进攻球员会迅速沿着斜线向边路进行斜插跑动。边路球员随后利用边线的优势，沿着边线向前推进并传球，通过改变进攻节奏，帮助球队获得球权（见图7-9）。

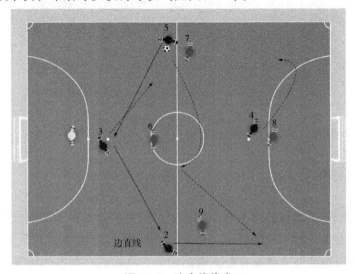

图7-9　边直线战术

(四) 身后摆脱

在五人制足球比赛中,身后摆脱是一种常见且高效的战术动作,特别是在中锋位置上,这种动作的效果尤为显著。由于五人制足球比赛中没有越位规则,进攻队员有机会在中后卫的身后进行接应。当持球的3号球员拥有传球的空间和时间时,4号球员应实施假跑摆脱动作,利用防守队员视线的盲区来准备接球(见图7-10)。这种战术要求4号球员具备良好的位置感知能力和时机把握能力,以便在正确的时刻摆脱防守,为接球创造有利的条件。

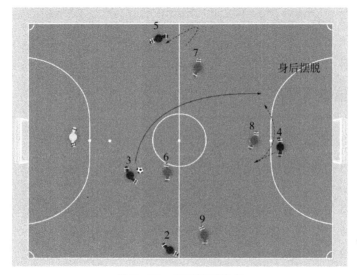

图7-10 身后摆脱战术

(五) 交叉

交叉战术,也称后套或交叉后踩,在五人制足球中是一种常见的战术。位于中场的3号球员将球传给边路的5号球员。在5号球员接球的同时,3号球员开始迂回启动,跑动到5号球员的身后(见图7-11)。此时,5号持球队员面临两种选择:一是执行后踩传球,将球传回给3号球员,后者可以沿边路进行突破;二是继续带球向中线方向推进。这种战术对于对方防守队员,如图7-11中的7号,增加了判断上的难度。由于3号球员的跑动和5号球员的接球动作几乎是同时发生,7号防守队员需要迅速做出决策,判断5号球员的下一步行动,这无疑增加了防守的复杂性和不确定性。

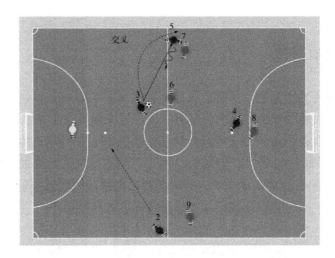

图 7-11 交叉战术

（六）撞墙式配合

撞墙式配合是一种在足球比赛中常用于打破局部防守的战术，这能创造出 2 对 2 的局面，从而利用防守队员的快速靠近，暴露出他们身后的空当。这种配合通过将球传入这些空当，可以有效地破解防守方的快速上抢策略。边路上的持球队员 8 号通过吸引防守队员 2 号的靠近，创造传球机会。8 号球员随即将球传给队友 5 号，并迅速向防守队员身后插上。此时，进攻队员 5 号利用防守队员 2 号和 9 号之间的空隙，将球从这两名防守队员中间传出去，实现撞墙式配合（见图 7-12）。

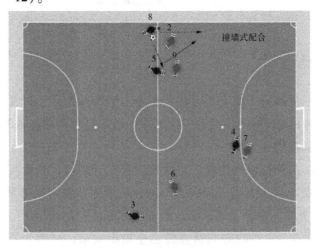

图 7-12 撞墙式配合战术

（七）斜线传球

持球队员 3 号带球向场地中心移动，与此同时，5 号队员通过斜线跑动吸引并带走防守队员，从而为进攻方创造出中间的空当。中锋 4 号在十米区域附近准备接应，同时注意保留后点的空当，为接下来的进攻动作提供空间。边路队员 8 号则观察时机，准备向前移动以接应可能的传球（见图 7-13）。在这种情况下，3 号队员可以利用中间空当进行一次大胆的斜线传球，传球的目的是让正向前插上的 8 号队员能够接到球。为了成功执行斜线传球，需要场上的队员有效地跑动，将防守队员带离传球路径，从而创造并暴露出中间的空当，为斜线传球找到可行的路线。

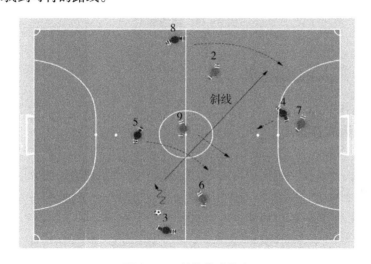

图 7-13　斜线传球战术

（八）切线

两侧边路上的队员分别进行摆脱接球，中锋从前场进行一个回绕的跑动，切断防守队员靠近防守的路线（见图 7-14）。让持球人可以更从容地选择，也给其他接应的队员创造摆脱接球的时间。

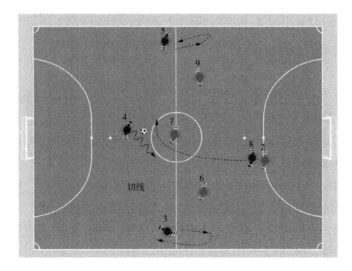

图 7-14 切线战术

三、三人进攻战术行为

（一）两人互换

两人互换的场景一般出现在 2-2 的时候。2 号传球给 3 号后，与身前的 5 号球员有一个换位（见图 7-15）。在换人的过程中，可能对防守方的 8 号或 9 号造成干扰，使其出现短暂地跟人不明确。

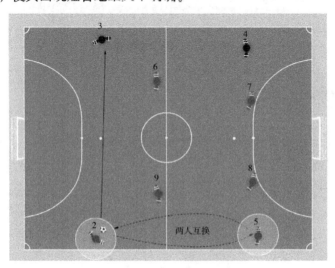

图 7-15 两人互换战术

（二）断线

断线是在五人制足球里比较常见的三人配合。三个人起始的位置基本在一条线上，2号在边路拿球时，中间队员4号先向前假跑后又迂回向后跑动准备回接球，但是不拿球，而是再次启动向边线进行一个斜线跑动，让对方误以为要回去接球，制造拿球的假象。实际上，接球人为另一侧的3号球员，同时，5号的中锋也需要进行跑动，为假跑的4号队友制造空间。在断线的配合中主要是通过跑动迷惑对手，让防守人出错，从而形成进攻上的优势或者得分（见图7-16）。

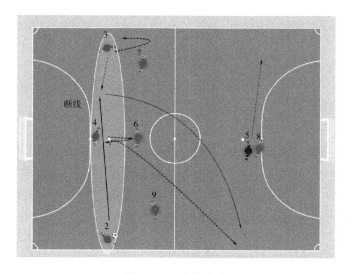

图7-16　断线战术

（三）凹凸

三人之间的配合主要是指除持球人以外另外两个人的行为。中间队员4号传球给边路上的2号后向前跑动，把刚才占据的空间让出来给队友，队友5号从前面的位置下落回来进行接应，形成交叉换位，即一个人向前接应的时候，另一个人就要回接（见图7-17）。

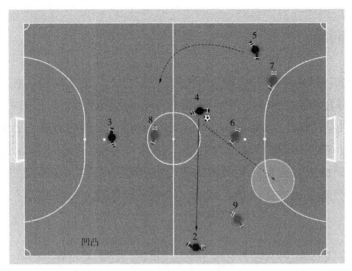

图 7-17 凹凸战术

（四）轮转

防守队员进行了人盯人的防守后，没有出现可接应的空当，可以通过跑动跟位置上的变化，扰乱对手的防守布局，创造出空当。一人持球在后场，尽量离防守队员远一点，其他人进行位置的轮换。哪里出现空当，传球人就把球准确地传过去，创造短时间的局部优势或控制己方球权（见图 7-18）。

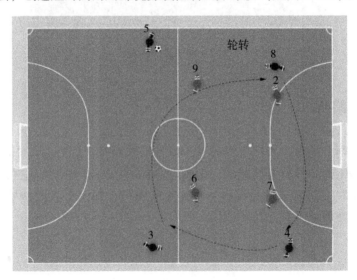

图 7-18 轮转战术

(五) 两人配合找中锋

两名球员边路配合,其中一人进行摆脱移动,并根据防守队员的位置传到两个防守人的中间,在传球的同时中锋移动到这一侧进行接应。持球队员 5 号向边路上的队员传完球后向另一侧进行摆脱,然后回头接 3 号的回传球,并尽可能向防守队员中间一脚出球(见图 7 - 19)。因此,在摆脱回接的时候需要调整身体位置,让自己能够传好脚球。3 号队员拿到球后观察防守人,如果防守队员靠近的距离不够近,可以直接通过空当找中锋;如果防守人很快地靠近,要控制好回传给 5 号的脚球的方向。

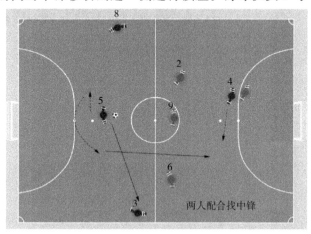

图 7 - 19 两人配合找中锋战术

(六) 第三人参与

除持球人以外的其他两个人通过移动、摆脱、靠近挡拆等个人战术行为来吸引防守人的注意,然后通过第三个人的一次移动,找到空当,让持球人找到空当并把球传过去(见图 7 - 20)。

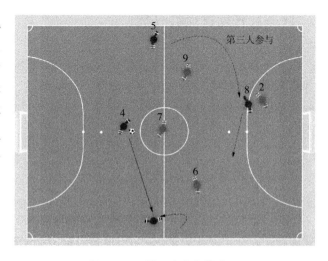

图 7 - 20 第三人参与战术

第八章

五人制足球攻防阵型战术特点

一、进攻阵型

进攻的阵型只是在比赛阵地进攻时一个初始的战术布局，是球员和阵型的一个分布情况。

在十一人制足球比赛中，除守门员外，球员没有固定的位置，均可以变换位置，五人制足球也是一样。轮换和轮转都是比赛中常见的情况。根据初始阵型，球员可以改变他们既定的位置，但是会试图保持各球员之间位置上的平衡，以及还原初始阵型，这种情况被称为位置上的轮转。不同的阵型会有特定的轮转和战术行为，但是无论怎样变化，都要考虑进攻时有队友的支持，防守时有队友的平衡，参与进攻的同时又能兼顾防守。

（一）传切进攻的概念

五人制足球比赛中的传切配合，也称为传跑配合，是指两名运动员利用传球和各种跑动技术所组成的简单配合，包括墙式二过一、交叉掩护二过一、传球后结合各种跑位的战术配合（传球—变向跑、直传前锋跟球跑、传球—迂回跑等）。

（二）轮转进攻的概念

轮转配合是五人制足球特有的战术配合方法，是指场上球员按照固定的传球和跑动路线重复配合的方式。这种传球以后迅速跑开再接应的方式，在三人和四人之间形成反复拉开和靠近接应的局面，可以充分发挥局部人数优势，控制好球以增加控球时间；同时，也能伺机有效地将球控制到对手的身后来发动快攻。轮转移动配合体能消耗大，如果机械性地执行轮转，就会让进攻缺乏变化而失去战术配合的意义，主要包括2-1轮转、"8"字轮转等方式。

（三）掩护进攻的概念

掩护配合在五人制足球里也叫作挡拆掩护配合，由五人制足球借鉴篮球进攻战术演变而来，在定位球战术中应用最多。它主要指进攻队员在进行战术配合过程中，无球队员利用提前的跑位，选择合理的位置，运用规则允许的身体动作挡住盯防持球队员或其他防守者的移动路线，使同伴摆脱防守，获得传球、突破或者射门的进攻机会的配合。在五人制足球比赛中，每支队伍掩护配合的形式和方法各不相同，根据掩护队员的身体位置和方向，主要分前掩护、侧掩护和后掩护三种形式。

1. 1-3-1比赛阵型进攻战术

1-3-1阵型是1名前锋队员和3名组织接应队员组成的阵型结构。1-3-1阵型对于突破紧密的防守或者快速进攻都非常有效，这个阵型需要通过队员无球的跑动制造进攻的深度与宽度。1-3-1阵型在攻守上是比较平衡的，三条线的左边、右边、前边、后边都会有人，持球的队员会有传球的选择，在控制比赛节奏方面较容易。1-3-1阵型中的关键人物是中锋队员，他必须有能力在有压力的时候或在背身的情况下保护好球，并能转身射门，也能为队友做一个支点，同时提供进攻的深度。

图8-1 1-3-1比赛阵型进攻战术起始位置

1-3-1比赛阵型的起始位置见图8-1,将1名前锋设置在前场、3名组织队员分布在后场,给控球队员提供至少2个传球的可能,这种三角形的接应关系利用各种跑位,使1-3-1阵型进攻移动中的变化更多。它主要依靠两种进攻方式:一是以后场3名组织球员的轮转移动创造向前传球的空当和机会,二是利用前场球员接球后摆脱射门或是回传给跟进接应的队员完成进攻。

▶ **1-3-1比赛阵型训练方法**
- 目标:利用中锋的身体优势,创造射门得分的机会。
- 训练时间:30分钟。
- 球员人数:16+2GK人。
- 器材:标志服、球若干。
- 组织:每次由守门员开球,进行进攻移动练习,攻防队员进行转化。
- 指导要点:通过移动创造空间,在传接球后尽快向前找中锋,边路或中路球员传给中锋后靠近,如果中锋没有回敲传球而是直接向二门柱继续跑动,跑动时要观察情形并及时调整身体位置,时刻做好接球和射门的准备。中锋需要时刻准备好控球转身射门或控球回敲球传二门柱等。(见图8-2)
- 变化:①加入防守方,断球后有一次快速反击的机会,如果没形成反击则进行换组。②防守方断球后进行正常进攻,原进攻方则退回到本方半场进行防守。

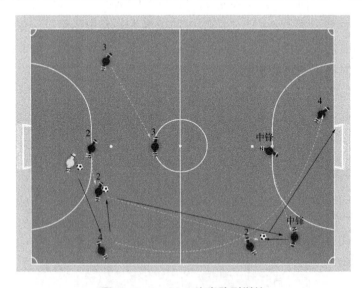

图8-2　1-3-1比赛阵型训练

2. 1-4-0比赛阵型进攻战术

1-4-0进攻阵型将每个场区球员布置于同一条攻击线上,或者是采取凹凸站位。这个阵型中没有中锋队员,4名球员以平行站位或前后站位的队形为主，通过不断的无球跑动创造比赛的进攻机会。这个阵型有利于应对防守一方运用人盯人的紧逼战术，同时，这个战术需要拥有综合能力强的球员，无论是体能、技能，还是战术理解、执行能力等各方面。这个战术阵型上的变化比 1-3-1 更灵活、多变，通过不断的跑动及交换位置，造成对方体力上、精神上的消耗。因为有几名球员同时接应，所以更容易保持控球权。

优点：
- 适应于应对采用紧逼防守或人盯人防守的球队，会导致防守方身心疲劳；
- 更容易制造空间，通过跑动把对方中后卫拉出来；
- 对手欠缺保护；
- 会出现很多不可预测的行动，对方比较难以琢磨；
- 易于制造两人或三人间的战术行动。

缺点：
- 在面对低位防守时，难以实施进攻；
- 当进攻到线后，4 名球员身后会出现很大空间，丢球后防守没有互相的保护；
- 需要良好的传控球能力，球员技术能力要全面；
- 需要有球员之间默契的同步行动和抉择。

1-4-0 比赛阵型起始站位如图 8-3 所示。

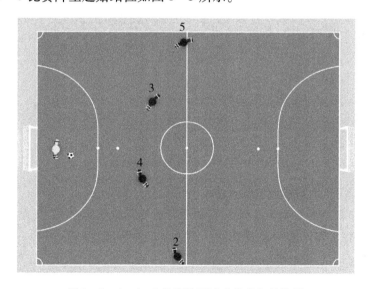

图 8-3　1-4-0 比赛阵型进攻战术起始位置

▶ **1-4-0 比赛阵型训练方法**
- 目标：找到身后的空当，利用空挡制造射门得分的机会。

- 训练时间：30分钟。
- 球员人数：16+2GK 人。
- 器材：标志服、球若干。
- 组织：每次由守门员开球，进行进攻移动练习，熟悉4-0阵型的每个位置的跑动。
- 指导要点：通过轮转跑动创造空间，球在通过传接后尽快向前找寻身后空位或两侧空位，边路球员传给空位后，向前跑动并做好射门或者包抄二门柱的准备。控球队员需要时刻做好回敲传球或传到二门柱或转身射门的准备（见图8-4）。
- 变化：①加入防守方，断球后有一次快速反击的机会，如果没形成反击则进行换组。②防守方断球后进行正常进攻，原进攻方则退回到本方半场进行防守，直到球出界。

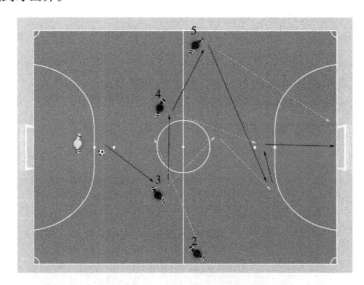

图8-4 1-4-0比赛阵型训练

3. 1-2-2比赛阵型进攻战术

1-2-2阵型是由两名后场球员和两名前场球员组成的2-2站位形式，在初学者或者青少年比赛中常被采用。2-2阵型主要锻炼球员一对一的能力，实际比赛中球员需要控制球场上更大的区域，并且球员攻守职责分工明确。

对比1-4-0阵型和1-3-1阵型来说，这个阵型较为静态，少量轮转移动。采用1-2-2阵型体系的其中一个目标就是打乱对方防守，令对方失去保护。在对于低位防守时可以尝试用1-2-2阵型，运用两个中锋进行突破。

优点：
- 很多 1 v 1 的机会；
- 若有技术能力强的球员将可以获得人数上的优势；
- 可以拉深对方防守，获得远射的机会；
- 初学者容易学习。

缺点：
- 两条线距离较远；
- 进攻时，1/3 有较少的活动空位；
- 大多数情况，只有一个支持接应的球员；
- 较多横传，较容易失误。

1-2-2 比赛阵型起始站位如图 8-5 所示。

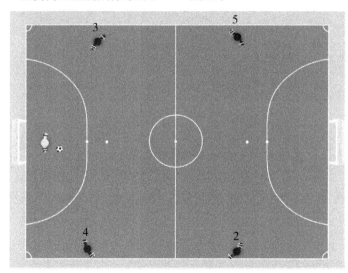

图 8-5 1-2-2 比赛阵型战术起始位置

▶ 1-2-2 比赛阵型训练方法

- 目标：通过移动找到空间，利用空间制造传球和射门得分的机会。
- 训练时间：30 分钟。
- 球员人数：16 + 2GK 人。
- 器材：标志服、球若干。
- 组织：每次由守门员开球，进行进攻移动练习，熟悉每个位置的跑动路线和作用，一动全动。
- 指导要点：通过轮转跑动创造空间，球在通过传接后尽快向前找寻身后空间或两侧空间，持球队员传给空位后，向前跑动做好射门或者包抄二门柱的准备。处于空当位置的队员需要做好传球或者射门的准备。（见图 8-6）

- 变化：①加入防守方，断球后有一次快速反击的机会，如果没形成反击则进行换组。②防守方断球后进行正常进攻，原进攻方则退回到本方半场进行防守，直到球出界。

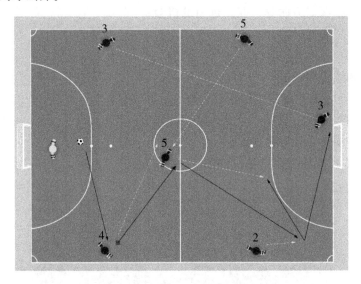

图 8-6 1-2-2 比赛阵型训练

4."超人"比赛阵型（5-0）进攻战术

"超人"比赛阵型（5-0）是五人制足球特殊的一种技战术，大多数时间选择运用在比赛落后一方或者对手实力比较强的时候。起始站位如图 8-7 所示。

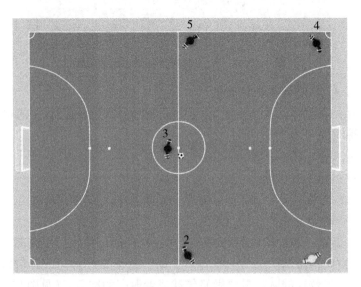

图 8-7 "超人"比赛阵型（5-0）进攻战术起始位置

▶"超人"比赛阵型（5-0）训练方法
- 目标：通过传球速度调动防守队员找到传球空间，利用空间制造传球和射门得分的机会。
- 训练时间：30分钟。
- 球员人数：16+2GK人。
- 器材：标志服、球若干。
- 目标：通过不断的传接球调动防守队员位置找到传球空间，利用空间制造射门得分的机会。
- 组织：从边线球开始，进行"超人"比赛阵型（5-0）战术练习。
- 指导要点：通过战术球员的移动、传球速度与质量、阵型位置的转化来制造以多打少的局部空间优势，通过传球找到可以破门得分的机会，位于前场的队员随时准备好射门和包抄二门柱、回头点的准备（见图8-8）。
- 变化：①加入防守方，断球后有一次反击的机会。②防守方断球后进行正常进攻，原进攻方根据情况快速进行换人及防守，直到球出界。

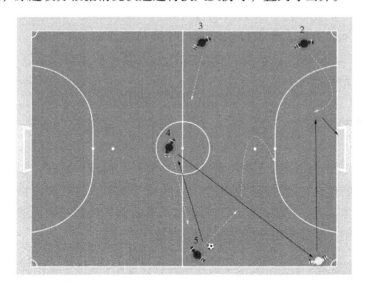

图8-8 "超人"比赛阵型（5-0）战术训练

二、防守阵型

（一）协防保护

协防保护是指在第一防守者靠近持球队员紧逼时，第二防守人及其他队员选择有利的位置来保护第一防守者身后空当与中路区域，防止持球队员突破或向前传球的配合行为。

（二）夹击防守

夹击防守是指两名及两名以上防守队员，利用对手在边路、角球区或是背对进攻方向停控球时，在一名防守队员封堵其向前推进的同时，其他防守队员协助防守的一种以多防少的配合行为。夹击配合是一种主动性、攻击性很强的防守配合方法，能有效地控制持球队员的活动，迫使对手失误、创造断球反击的机会和减少个人防守犯规。在五人制足球比赛中常在区域紧逼防守时采用夹击防守配合。

（三）补防防守

补防战术是指防守队员被对手突破或防守队形出现漏防时，邻近位置的同伴放弃自己的位置，及时进行补漏防守，直接干扰对手进攻的一种防守配合方法。补防战术具有一定的被动性，需要球员具备整体的防守战术意识，在五人制足球比赛中补防经常用于以少防多的情况。

（四）交换防守

交换防守战术是指进攻队员做掩护配合、交叉换位以及轮转跑位时，防守队员之间及时主动地交换自己所盯防的进攻队员，而实施的一种防守配合方法。交换防守一般在全场或半场紧逼时经常采用，它能对有球区域的队员不断进行施压。

（1）交换防守对象时，防守队员及时沟通交流，明确自己的防守对象和任务（一般由后面队员指挥前面队员是否要换防）。

（2）运用换防战术时，必须以对有球区域始终形成紧逼施压为首要前提。

（3）注意把握换防战术运用的时机，一般情况下，当球在边路或传向边路时防守方才进行换防；如果球在中路或没有形成默契，必须追盯自己的防守队员。

1. 1-2-1防守战术

1-2-1防守战术是五人制足球比赛中最常用的一种全队防守组织形式（见图8-9）。它的防守优势在于压缩中路防守区域和封锁向中路传球的线路。同时，中路密集的防守也有效地保护了门前重点区域，但这种战术也给对手在外围留下了过多的空间用来控球形成三角区域。

防守要求：保持防守线，思想统一，关闭中间传球路线以阻断对方直接将球传给中锋的传球路线。

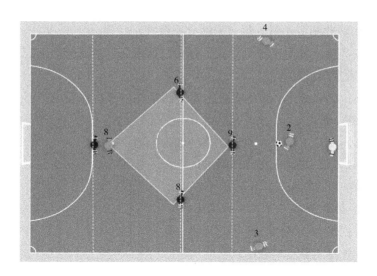

图8-9 1-2-1防守比赛阵型

2. 1-2-2防守战术

防守要求：当攻方采用2-2队形进攻时，我方阵型形成防守三角，保持防守线，封闭传球空间。防守换人时要呼应，围抢时行动要统一，守门员做好保护与指挥（见图8-10）。

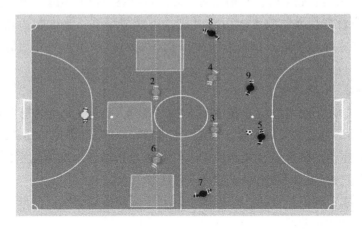

图8-10　1-2-2防守比赛阵型

▶ 2-2防守阵型（第一防守线的交替保护）练习

加强2-2防守阵型里球员之间的配合，要求每个球员知道自己的位置，这个阵型才能发挥最大的作用。

- 描述：加强2-2防守阵型里的局部移动防守保护位置，让队员之间配合得更加熟练、默契。
- 目的：使第一防守线的保护移动成为本能。
- 目标：两人之间形成移动保护的配合，互相呼应，熟练移动位置。
- 人数：12+2GK人。
- 时间：20分钟。
- 场区：20米×20米。
- 器材：标志服、球若干。
- 组织：2名进攻球员加一名在中路的固定前锋。2名第一防守线上的球员阻止传球给前锋。一名防守球员对有球进攻球员进行施压，同时，另外一名防守球员执行关闭保护。如果球传给了另外一侧的进攻球员，2名防守球员不要站成一条直线（见图8-11），而是交替移动至另外一侧。2名防守球员要确保一名离球最近的球员上前施压，另外一名球员向后移动保护，5分钟一组。
- 指导要点：守门员要持续指挥防守球员跟随球的方向来回交替移动，封闭传球的路线，两名防守队员之间要呼应。
- 变化：限制移动时间。

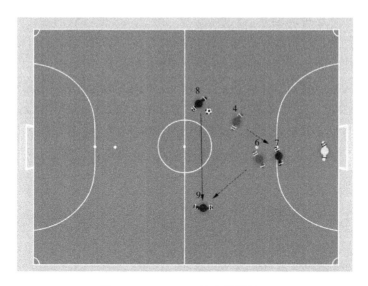

图 8-11 1-2-2 防守阵型练习

三、功能训练方法

（一）找中锋训练

找中锋是 3-1 阵型的重要环节。在 3-1 阵型中，战术行为是围绕中锋进行的，所以中锋的个人能力非常重要，要让 3-1 这个阵型发挥出最大的优势，需要球员相互配合，找到空当把球传给中锋，中锋利用身体优势形成射门。

▶ **功能训练 1：找中锋训练**

- 要求：设置区域，中锋不能离开该区域，其他三人配合找到空档，把球传给中锋（单向进攻）。
- 目的：找到空档，传球给中锋形成射门。
- 目标：进行三人之间的配合，找到空档，把球传给中锋，中锋利用身体优势做球或转身突破形成射门。
- 人数：16+4GK 人。
- 时间：20 分钟。
- 场区：30 米×20 米，中锋区域在 10 米内。
- 器材：标志服、球若干，球门两个。
- 组织：蓝队守门员进行发球，5 号中锋队员只能在区域内进行移动，5

号摆脱接应给队友传球信号。2号、3号、4号队员在区域内进行挡拆、交叉、遮掩等战术行为，进行小组之间的配合传球，帮助队友找到防守队员没有关闭的路线，让他们能把球传到中锋脚下。中锋拿到球后，其他队员才能进入中锋区域内进行接应或射门（见图8-12）。5分钟一组，换进攻方向轮换。

- 指导要点：时刻观察场上形势、传球的时机、球速、支援的速度，在队友遇到困难时给队友提供支援，找到传给中锋的空当，做好一脚出球的准备。
- 变化：进球得1分，中锋进球得2分，双方进行比赛。

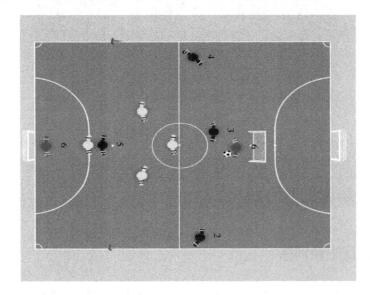

图8-12　找中锋技术训练

（二）3 v 3 +1 中锋训练

在半场区域进行3 v 3，进攻队员摆脱解压，找到空档将球给到前场球员，形成接应，并快速完成射门。这个训练的主题是结合正常比赛的场景，加入接应的队员，在球门两侧进行移动接球，帮助队友解压，形成射门。

▶ **功能训练2：3 v 3 +1 的中锋训练**

- 描述：半场区域内进行3 v 3，球门两边各增加两个进攻队员，进攻时可以利用球门两边的队员进行。
- 目的：正常对抗，球门两侧队员模拟为中锋队员的接应，在有压力的情况下找到空当，把球给到球门附近的球员进行解压，跟进射门。
- 目标：3 v 3正常比赛，根据场景找支点队员。

- 人数：16+4GK 人。
- 时间：共计 20 分钟，5 分钟一组。
- 场区：20 米×20 米。
- 器材：标志服、球若干，球门两个。
- 组织：20×20 区域内进行 3 v 3 对抗，移动摆脱接球，找到空当将球传到前面队员脚下。中锋在球门两侧移动，不能进入场地内，接到球后进攻跟进。防守队员不能抢球门两侧队员的球，但在他们还没接到球时可以选择断球，守门员也可以进行破坏（见图 8-13）。
- 指导要点：观察传球的速度和时机，快速作出决策。
- 变化：守门员不能对传到空当的球进行破坏。

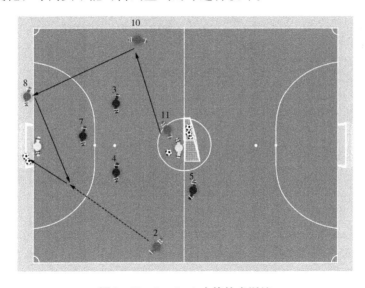

图 8-13 3 v 3+1 中锋技术训练

（三）个人突破技术练习

在半场区域，进行阵地进攻训练，反复练习，增加队员的熟练程度，能在比赛中形成有效的阵地进攻。在练习中，防守队员进行的是有组织的阵地防守，所以，在传球时进攻也要注意安全，追求更有效率的阵地进攻。

▶ 功能训练 3：个人突破技术练习
- 目的：练习运球突破对手。
- 目标：获得球权、运球突破、射门得分。
- 人数：12+2GK 人。

- 时间：10分钟一组。
- 场区：20米×20米。
- 器材：标志服、球若干。
- 组织：两队面对面地站在边线上，并进行编号，号码相同的两个球员等待教练口令。教练员在中场拿球，喊一个号码同时踢出球。被喊到号码的球员立即向球方向跑去。先拿到球的球员成为进攻者，另一名球员防守。进攻球员试图运球突破防守，快速向前完成射门（见图8-14）。
- 指导要点：反应速度、合理运用身体、快速带球向前、个人运球突破、射门。
- 变化：限制在30秒内完成射门。

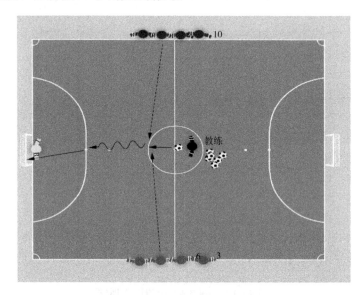

图8-14　个人突破技术练习

四、比赛的三个时刻

（一）攻防转换

攻防转换在五人制足球比赛中指的是在我本方组织防守拦截对手的进攻后快速向前发起进攻的过程。这一概念指足球比赛中的一个重要环节，它涉及在失去或重新获得控球权后的几秒内，快速识别并做出反应的过程。攻防转换的成功与否,直接影响球队的防守效率和进攻的流畅性。攻防转换训练的重要性在于,它能帮助球队提高在关键时刻的转换效率,从而在比赛中获得优势或进球。在比赛中,由攻转守和由守转攻是发生进球和失球最多的时刻。

1. 由守转攻(利用人数优势)

在比赛中,守门员得到球后快速发球到前场,在对方球员回防速度慢或攻防转换的反应慢时,形成多打少的人数优势,进行有效的进攻,提高成功率。

- 描述:守门员发起进攻时,可以手抛球给到B,进行2 v 1进攻;也可以发球给到A,进行1 v 2进攻,并把球传给另外半场的球员进行进攻。每个半场2名队员进攻,1名队员防守,其他队员不能移动到对方半场。
- 目的:有效地由守转攻和利用人数优势。
- 目标:提高球员2 v 1的效率。
- 人数:12 + 2GK 人。
- 时间:20 分钟。
- 场区:40 米 × 20 米。
- 器材:标志服、球若干。
- 组织:双方各有一名守门员和一名防守队员在本方半场,2 名进攻队员在对方的半场。球员不能移到对方的半场。守门员发球可以直接给到对方半场的队友,也可以给到本方半场的队友进行进攻(见图 8-15)。如果给了本方半场的队友,需要进行 1 v 2 快速进攻。

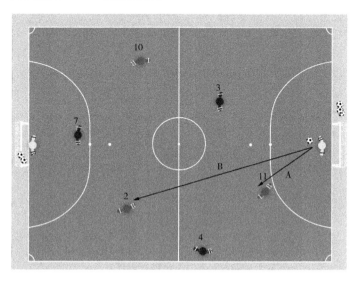

图 8-15 由守转攻训练

● 指导要点：对面 2 名进攻球员要找到空当接应、观察，接到球后要快速作决策，快速选择传球或射门的时机。

● 变化：如果守门员发给本方队员，队员把球传过半场后可以跟进，形成 3 v 1 进攻。

2. 由攻转守（缩小场区 3 v 3 比赛）

在半场区域里，进行 3 v 3 比赛，双方进攻队员提高对进攻的期望，接球摆脱，快速向前形成射门。

● 描述：缩小场区在半场区域内进行 3 v 3 正常比赛。

● 目的：加快攻防转换的选择，进攻时快速向前，完成射门。

● 目标：快节奏比赛，取得进球。

● 人数：16 + 4GK 人。

● 时间：20 分钟。

● 场区：20 米 × 20 米。

● 器材：标志服、球若干，球门两个。

● 组织：在半场区域内进行 3 v 3 对抗，加快移动摆脱接球，快速向前，形成射门，按照正常的比赛形式（见图 8 - 16）。5 分钟一组，做 4 组。

● 指导要点：观察传球的速度、传球的时机，快速摆脱向前，决策快速。

● 变化：对守门员接球不限脚数。

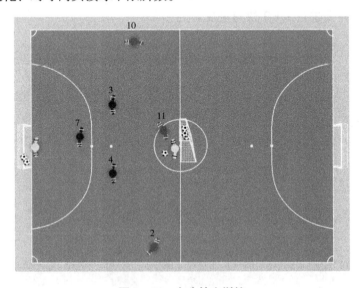

图 8 - 16　由攻转守训练

（二）防守时刻

五人制足球，以其紧凑的比赛场地和快速变化的节奏，对球员的防守能力提出了更高的要求。在五人制足球比赛中，防守不是一个人的任务，而是整个团队协同作战的关键环节。下面将详细探讨五人制足球比赛中防守的注意要点。

1. 盯人防守与换位

在五人制足球中，盯人防守是一种常用的防守策略。球员需要紧密盯住自己负责的对手，特别是在对方持球或即将接球时。此外，球员还须具备换位意识，即当对手改变进攻方向或换位时，防守球员也应迅速调整位置，保持对对手的盯防。

2. 截断传球路线

截断传球路线是阻止对方进攻的有效手段。防守球员要时刻关注场上局势，判断对方的传球意图，并尽可能地提前占据传球路线，以破坏对方的进攻节奏。

3. 快速回防与反击

在五人制足球中，由于场地较小，球员需要快速回防以压缩对方的进攻空间。同时，防守球员还应抓住对方失误或进攻节奏被打乱的机会，迅速发动反击，争取在第一时间将球权夺回。

4. 保持阵型与平衡

保持阵型是防守的基础。在比赛中，球员要时刻注意保持与队友之间的距离和位置关系，形成有效的防守屏障。同时，保持防守平衡也是至关重要的，避免因个别球员的失误导致防线崩溃。

5. 协防与盯防中锋

在防守过程中，协防意识是非常重要的。当对手突破个人防线时，其他球员应迅速协防，形成合力。此外，盯防前锋是防守的重中之重。五人制足球中中锋往往是对方进攻的核心人物，因此，防守中锋的球员需要特别谨慎，避免给对方制造进球机会。

6. 防守态度与责任感

防守态度决定了防守的效果。球员需要时刻保持专注和警惕，对待每一个防守任务都要认真负责；同时，责任感也是防守中不可或缺的品质。球员要明白自己的防守职责，并愿意为团队的胜利付出努力。

7. 预判与反应速度

在五人制足球比赛中，预判和反应速度对于防守至关重要。球员需要根据对手的动作和意图提前作出判断，并快速作出反应，这包括迅速调整位置、拦截传球或射门等。通过提高预判能力和反应速度，球员可以更好地应对各种进攻情况。

8. 沟通与协作能力

在五人制足球中，球员之间的沟通与协作是防守成功的关键。球员之间需要时刻保持沟通，了解队友的位置和意图，共同制定防守策略；同时，球员还应积极与队友协作，形成合力，共同对抗对方的进攻。

五人制足球比赛中的防守要点涉及多个方面。球员需要在比赛中时刻关注场上局势，不断调整自己的防守策略，并与队友保持密切的沟通与协作。通过不断的练习和总结经验，球员可以提高自己的防守能力，为团队的胜利作出贡献。

▶ 人盯人防守（单向练习）

人盯人防守是防守方式中使用频率最高的，属于比较简单的防守方式，只需要把自己负责的人盯牢固，基本就完成了教练员的要求。这是比较基础的防守方式，简单易懂，好掌握，对队员的个人防守要求比较高，互相保护较少，对体能要求较高。

- 描述：3 v 3 一侧方向的练习，每名进攻队员穿不同颜色的标志服，用作人盯人练习时区别每个人，这样可以确保不混淆队员，以便取得较好的防守效果。
- 目的：提高人盯人防守的能力。
- 目标：明确在移动中的跟人，不轻易跟掉对手。
- 人数：12 + 2GK 人。
- 时间：5 分钟一组，记比分。
- 场区：20 米 × 20 米。
- 器材：标志服、球若干。
- 组织：3 v 3 设一个球门。每名进攻球员穿不同颜色的分队服。防守球员与进攻球员配对，并且确保在进攻移动中不要跟掉对手（见图 8 - 17）。每 5 次进攻以后，攻防双方交换。练习结束时，计算进球数量，按比赛比分判断哪一队防守得更好。
- 指导要点：防守队员不要被轻易摆脱，注意防守时的距离、破坏的方向。
- 变化：限制移动时间，尽快形成射门。

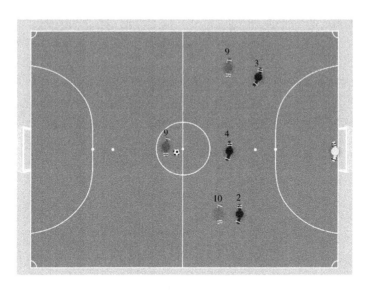

图 8-17 人盯人防守训练

▶ **区域防守（单向练习）**

区域防守是防守方式中基础的防守行为。提高行动的统一性，需要更强的协同能力，节省体能，一旦获得球权更容易进行反击，防守的对象是球而不是球员，根据球的位置进行更好保护。

- 目标：队员熟练掌握区域防守的位置移动，以及统一防守思想。
- 人数：12+2GK 人。
- 时间：20 分钟。
- 场区：20 米×20 米。
- 器材：标志服、球若干。
- 组织：在 20 米×20 米场区内，6 名进攻球员对 4 名防守球员及守门员。进攻方相互之间用脚传球，次数不限。进攻方不能移动位置。防守方必须在移动球的同时根据球的路线进行区域站位（见图 8-18）。5 分钟一组，做完交换。
- 指导要点：防守队员要随时进行移动，仔细观察，统一思想，做好呼应、保护。
- 变化：用脚进行传球，正常移动。

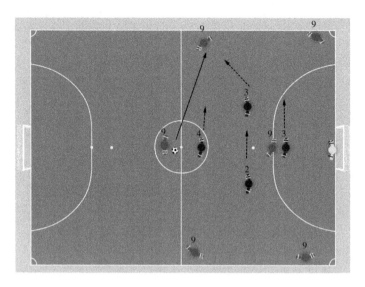

图8-18 区域防守训练

▶ 混合防守（单向训练）

混合防守是把人盯人跟区域结合在一起进行防守，这类防守通常是因为对方有一名非常关键且能力特别突出的球员，对其进行人盯人的专门看防，其他人还是进行区域防守。但这不是一个固定的战术，而是需要根据比赛和对手的情况来做调整。

- 描述：一组球员是关键球员，在这个训练里，此组球员拿球后，可以利用个人能力进行突破等战术行为，正常的进行比赛，其他防守人采用区域防守。另一组队员进行进攻练习。
- 目的：提高队员在人盯人跟区域结合起来的防守能力。
- 目标：通过比赛场景进行训练，增加互相之间的转换速度和默契。
- 人数：16+2GK 人。
- 时间：20 分钟。
- 场区：20 米×20 米。
- 器材：标志服、球若干。
- 组织：20 米×20 米场区比赛，一组为关键球员，对其采用人盯人战术，其他队员进行区域防守；把人盯人和区域防守结合起来进行单向练习（见图8-19）。
- 计算比分进行比赛。3 分钟一组，比分少的一组球员做 10 次俯卧撑。
- 指导要点：人盯人的队员不用观察球，只需要看好被防守人，使其接不到球即可；其他队员进行区域防守，不要被对方的移动情况混乱视线，注意观察、保护球，反应要快速。

- 变化：加一名守门员进行正常比赛。

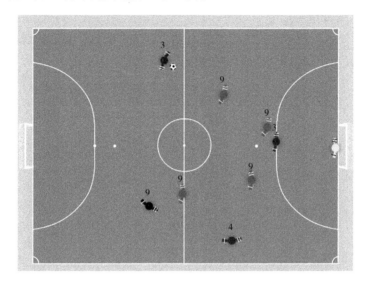

图 8-19　混合防守训练

▶ 交换防守

交换防守是人盯人防守和区域防守两种防守方式的交换。在对方半场可以进行人盯人的压迫方式更靠近对方持球人，这需要很强的体能，所以如果没有第一时间抢夺到球权也可以退回本方半场采取区域防守。区域防守节省体能，可以很好地保证防守球员的体能状态，以便达到全力以赴的防守状态并完成抢断后的反击。两者交换也可以在某一时刻使对手感到意外，让对方因紧迫而出现失误，交换防守能增加防守的成功率，从而提升防守球员的自信心。

- 描述：在对方的半场进行人盯人的防守，过中线后进行区域防守，把人盯人跟区域防守的区域划分好。在比赛中，这两种防守方式的反复转换，可以让队员之间更默契、更统一。
- 目的：防守时，思想行动要有统一性，防守上要多变，可造成对手的混乱，增加防守成功率。队员之间要相互协助，多呼应，多观察。
- 目标：通过练习，统一思想，尝试更多的防守方式，找到成功率高的防守阵型，增加队员的自信心。
- 人数：16+2GK 人。
- 时间：20 分钟。
- 场区：40 米 × 20 米。

- 器材：标志服、球若干。
- 组织：在正常比赛对抗中，两队先了解比赛规定，在本方半场进行区域防守，到对方半场进行人盯人防守（见图8-20）。3分钟一组，比分少的一组每人做10次俯卧撑。
- 指导要点：离球最近的球员的行动、呼应、观察、防守的统一性。
- 变化：听教练口令，进行防守方式的变化。

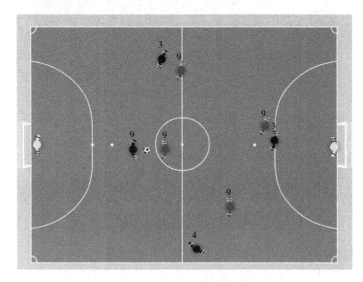

图8-20　交换防守训练

（三）进攻时刻

进攻是整个比赛中最重要的环节，取得阵地进攻和快速进攻的成功是需要耐心的。队员们在比赛中要有阅读比赛和理解比赛的能力，并且知道如何造成对手防守混乱，观察对手身后的空当并加以利用。

1. 传球精准、迅速

传球是进攻的基础。球员需要具备精准的传球技巧和迅速判断的能力，以确保球能准确、迅速地被传到队友脚下，从而制造进攻机会。在传球时，要注意观察队友和对手的位置，选择合适的传球路线和方式，以及掌握传球的力量和速度。

2. 把握射门时机

射门是进攻的最终目的，而把握射门时机是射门成功的关键。球员需要在比赛中时刻保持对场上局势的敏锐观察，一旦发现射门机会，应立即采取行动。同时，还要根据比赛情况选择合适的射门方式，如直接射门、远射、捅射球等，以提高射门的成功率。

3. 运球突破技巧

运球突破是进攻的重要手段，可以帮助球员摆脱对手的盯防，制造进攻空间。球员需要掌握多种运球技巧，如变向、变速、过人等，并且根据对手的防守特点灵活运用。

4. 配合默契

在五人制足球中，小组配合是进攻的重要形式。球员之间需要建立默契的配合关系，通过传球、跑位、接应等方式形成局部进攻优势。在配合过程中，球员要注重沟通与交流的方式，明确各自的职责和任务，确保进攻的流畅性和连贯性。

5. 全队进攻战术

全队进攻战术是五人制足球比赛中的关键要素。球队需要制定明确的进攻战术，包括进攻路线、进攻方式、进攻节奏等，并确保球员在比赛中能够贯彻执行。同时，球队还要根据对手的防守特点调整进攻战术，以谋求突破对手的防线。

6. 运用定位球战术

定位球是五人制足球比赛中重要的进攻方式，如角球、任意球等。球队需要制定有效的定位球战术，包括选择合适的射门点、传球路线以及射门方式等。球员在执行定位球战术时，要注意观察对手的防守布局，利用对手的漏洞制造进球机会。

7. 阵型与跑位灵活

比赛的阵型和跑位需要根据比赛情况灵活选择，并根据对手的防守变化灵活调整。球员在跑位时，要注重与队友的协同配合，形成有效的进攻阵型。同时，还要根据比赛情况灵活调整跑位路线和速度，以制造进攻机会或接应队友的传球。

▶ **阵地进攻（连续进攻训练）**

- 描述：半场区域内持续进行进攻练习。
- 目的：提高连续进攻的能力。
- 目标：形成有效的阵地进攻，取得效果。
- 人数：12 + 2GK 人。
- 时间：30 分钟。
- 场区：20 米 × 20 米。
- 器材：标志服、球若干。
- 组织：在 20 米 × 20 米场区内进行 4 v 4 进攻练习，每次守门员或防守球员拿到球后结束一次练习，由中圈附近的教练再次发球，球员继续进攻（见图 8-21）。每 5 分钟一组，交换练习。

- 指导要点：传球的质量，观察传球的时机，传球的选择，避免横向和长距离的传球。
- 变化：限制时间内形成射门，规定几次传球后必须进行射门。

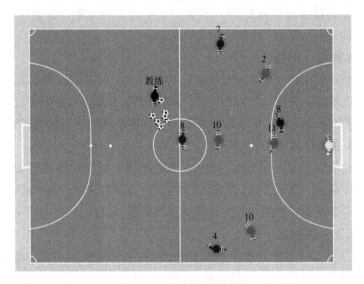

图 8-21 连续进攻训练

▶ **快速进攻（获得球权后形成快速进攻）**

- 描述：抢到球权后，利用人数、空间、时间等优势，快速向前，形成射门。
- 目的：获得球权后，进行快速进攻。
- 目标：获得球权后，快速进攻，形成射门机会。
- 人数：12+2GK 人。
- 时间：30 分钟。
- 场区：20 米×20 米。
- 器材：标志服、球若干。
- 组织：红队为进攻方，利用一名球员进攻防守方 4 名球员，其他 2 名进攻球员在本方半场；第 4 名进攻球员在场外，暂时不参与比赛。当蓝队抢下球以后，即发动快速进攻。这时，红队丢球的球员退回防守，在场外的红队球员也加入防守。蓝队球员要尽量在对手组织好防守之前完成进攻（见图 8-22）。每 5 分钟一组，进行交换。
- 指导要点：抢到球的队员快速带球去中路，以便为其他 2 名队友创造两条通道。抢到球后，快速向前推进，注意传球的准确性。
- 变化：对快速进攻进行时间限制。

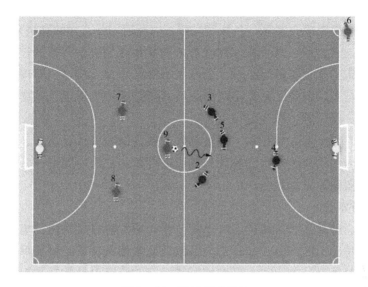

图 8-22 快速进攻训练

五、定位球阵型

(一) 室内五人制足球定位球进攻战术概述

定位球进攻战术，是指比赛出现死球时所采用的进攻战术方法，包括球门球、中圈开球、界外球、角球、任意球、10 米点球、6 米点球。室内五人制足球场地小，罚球点距离球门近，能快速造成射门威胁。定位球成为决定比赛胜负的重要一环，尤其是在势均力敌的比赛中，常常一个定位球决定比赛的胜负，因此，要重视定位球的练习，更要重视教练员的设计和球员在场上根据防守所表现出的不同反应而作出正确的决策与选择。五人制足球比赛中的定位球进攻会从这几个部分进行设计，如后场边线球、前场边线球、角球、前场任意球、10 米大点球、6 米小点球。

(二) 定位球阵型战术要点

1. 进攻球员

(1) 发球人。发球人需要具备良好的视野和技术能力，需要观察防守球员的初始站位以及进攻球员在准备接球时的移动。发球时，需要在 4 秒内快速地进行决策，需要考虑选择哪一条线路发球，以及运用什么样的脚法来传球。

（2）无球的球员。场上除发球队员外，其他球员进行无球的移动，这些移动可以是固定的配合跑动的路线，也可以是根据防守人的站位而选择跑动的路线。球员进行无球跑位，尤其是前锋队员的摆脱跑位技术至关重要，包括变向跑、回撤跑、迂回跑、折线跑等。

（3）射门的观察。射门时，球员需要观察自身处在什么区域，距离对方球门以及防守人的距离；并且选择什么部位进行射门，是一脚射门，还是变向射门。球员需要快速做出判断。

2. 防守球员

防守时，球员需要清楚自己所处的位置，准备防守时身体的姿态，脚下步伐需要根据情况不断调整，如时刻准备破坏或者抢断球权，不要保持站定的姿态。球员在打开身位的同时，需要看到球运行的线路以及防守的对象。判断发球人的意图，通过对方眼神或者发球时的部位做出合理的防守反应。防守时，需要结合一些战术要求，是人盯人防守还是区域结合盯人防守。

（1）第一防守人。离球最近的防守人，需要第一时间靠近发球人或在对方射门时进行封堵，需要观察发球人或接球人的意图并做出合理的防守反应。

（2）其他防守人。其他防守人需要对防守对象进行紧密盯防，或者对防守区域进行控制，在这一瞬间需要兼顾球、防守区域和防守对象。

（三）定位球进攻战术的基本要点

（1）每名球员应清楚不同类型的定位球落位特点、跑位特点和各自职责分工。

（2）在进攻落位的基础上，可以根据防守队形，灵活地采用进攻战术。

（3）球员的无球跑位，尤其是前锋队员的摆脱跑位技术至关重要，包括变向跑、回撤跑、迂回跑、折线跑等。

（4）实施定位球进攻时，必须注意队形的攻守平衡，防止对手反击。

（5）实施定位球战术时，如果不能马上形成进攻机会，多以安全性传球为主。

六、界外球战术

在五人制足球比赛中，界外球是最常见的定位球之一。界外球的发球质量对于比赛的进程和结果具有重要影响。一次成功的发球，不仅可以为球队创造射门得分的机会，还能确保球队对球控的制权。前场界外球战术可以有效地创造进攻机会，甚至直接得分。因此，界外球的发球策略和执行质量对五人制足球比赛的胜负具有决定性的作用。

▶ **前场界外球战术练习1**

- 目的：界外球利用中锋，寻找射门空间。
- 目标：利用战术行为创造空间，形成射门机会。
- 人数：16+4GK 人。
- 时间：30 分钟。
- 场区：20 米×20 米（两侧边线球）。
- 器材：标志服、球若干，球门两个。
- 组织：发球球员传球给8号球员后移动跑至二门柱，同时，中锋7号球员向防守人墙后斜线移动。8号球员传球给7号球员，7号球员选择背身控球回做给向前移动的8号球员。8号球员传向二门柱6号球员并向中间移动进行保护（见图8-23）。
- 指导要点：发球队员传球的质量，发现空位时，及时传球，接到球后直接射门；无球队员的移动要明确并且快速，一动全动；根据防守队员的位置及反应速度进行变化，每个位置的队员都要做好接球射门的准备，注意补射。
- 变化：比赛加入奖惩制度，计算比分。取得进球的队伍，奖励一次边线球发球的机会。

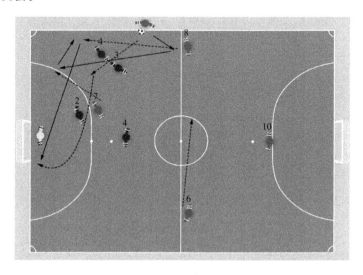

图 8-23　前场界外球战术练习1

▶ **前场界外球战术练习2**

- 目的：利用前场界外球创造挡拆射门得分的机会。
- 目标：利用战术行为创造空间，形成射门机会。
- 人数：16+4GK 人。
- 时间：30 分钟。
- 场区：20 米×20 米（两侧边线球）。
- 器材：标志服、球若干，球门两个。
- 组织：9 号球员准备发球，发球时 7 号和 8 号球员向对方防守球员的位置移动，进行交叉跑动，形成挡拆作用。7 号球员挡住 3 号，8 号球员挡住 2 号，8 号球员挡拆后跑动到二门柱位置准备射门。同时，6 号球员向中路移动并靠近球门，进行射门。发球球员 9 号传球给 6 号后进行保护（见图 8-24）。
- 指导要点：发球球员传球的质量，发现空位时，及时传球，接到球后直接射门；无球队员的挡拆移动要清晰并且快速，一动全动；根据防守队员的位置及反应进行应变，每个位置的球员都要做好接球射门的准备，注意补射。
- 变化：比赛加入奖惩制度，计算比分。取得进球的队伍，奖励一次边线球发球的机会。

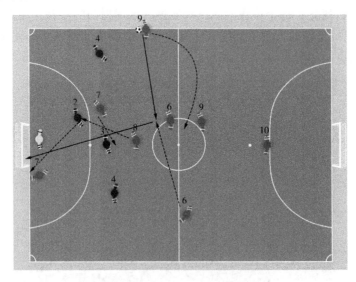

图 8-24　前场界外球战术练习 2

▶ **前场界外球战术练习3**

- 目的：利用前场界外球创造射门得分的机会。
- 目标：利用战术行为创造空间，形成射门机会。
- 人数：16+4GK 人。

- 时间：30分钟。
- 场区：20米×20米（两侧边线球）。
- 器材：标志服、球若干，球门两个。
- 组织：4号球员进行发球，另外三名球员站成一条横线。3号球员先进行跑动，从人墙身后绕跑至球门左侧底角位置。5号挡拆中间防守人后跑动至禁区接球射门。
- 2号球员跑动至后点对防守方进行干扰，4号球员发球后进行平衡。（见图8-25）
- 指导要点：发球球员传球的质量，发现空位时，及时传球，接到球后直接射门；无球球员的移动要明确、快速，一动全动；根据防守队员的位置及反应进行变化，每个位置的球员都要做好接球射门的准备，注意补射。
- 变化：比赛加入奖惩制度，计算比分。取得进球的队伍，奖励一次边线球发球的机会。

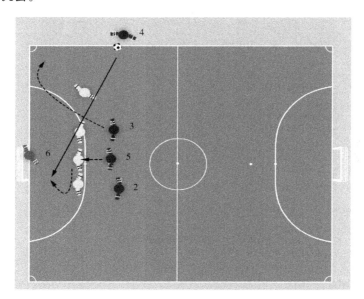

图8-25　前场界外球战术练习3

▶ **前场界外球战术练习4**
- 目的：利用前场界外球创造射门得分的机会。
- 目标：利用战术行为创造空间，形成射门机会。
- 人数：16+4GK人。
- 时间：30分钟。
- 场区：20米×20米（两侧边线球）。

- 器材：标志服、球若干、球门两个。
- 组织：5号球员进行发球，另外三名球员站成一条直线；3号和4号球员进行交叉挡拆，把空间留给2号球员；2号球员进行回绕，远离防守人给自己预留更充分的射门空间，3号球员挡拆后跑动至二门柱的位置准备射门，4号球员负责挡住防守人；5号球员传球时根据防守球员的站位，可以直接传给2号，或者3号，最终完成配合射门（见图8-26）。
- 指导要点：发球球员传球的质量，发现空位时，及时传球，接到球后直接射门；无球球员的移动要明确且快速，一动全动；根据防守队员的位置及反应进行变化，每个位置的球员都要做好接球射门的准备，注意补射。
- 变化：比赛加入奖惩制度，计算比分；取得进球的队伍，奖励一次边线球继续发球的机会。

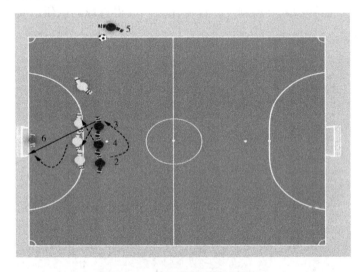

图8-26 前场界外球战术练习4

七、角球战术

角球是足球比赛中一种常见的进攻方式，当防守队球员将球踢出本方球门线时，无论球是在空中还是地面上，对方都将获得发角球的权利，角球可以直接得分，因此，发角球的战术安排至关重要。角球必须在4秒内发出，发角球的球员需要具备出色的观察力和对比赛的理解能力。由于角球距离球门较近，防守方通常会在球门附近布置密集的防线，这要求进攻方通过精心设计的战术跑位来创造射门机会。

▶ **角球战术练习1**

- 目的：通过角球利用挡拆，创造射门空间形成射门机会。
- 目标：利用战术行为创造空间，形成射门机会。
- 人数：16+4GK 人。
- 时间：30 分钟。
- 场区：20 米×20 米（两侧边线球）。
- 器材：标志服、球若干、球门两个。
- 组织：7 号球员准备发球，如果防守方 3 号球员靠近 9 号，则进攻球员进行移动，并挡住防守方 3 号球员，为 9 号创造出空间，9 号球员接球后直接射门或者传至二门柱，后点的 6 号球员在二门柱做好准备。如果防守方 3 号球员没有进行向外侧的移动，发球球员把球传给 9 号后，9 号球员可以直接进行射门（见图 8-27）。

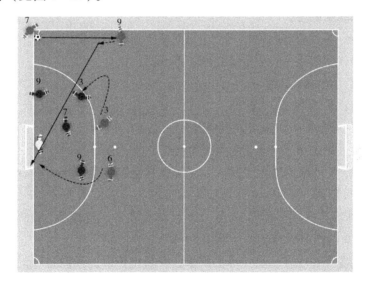

图 8-27　角球战术练习1

- 指导要点：发球球员要能发现空当以及传球时机；无球球员的移动要明确且快速，做好射门及一脚出球的准备。
- 变化：7 号球员传给 9 号后，无法直接射门，9 号回传给 7 号；同时，8 号没有挡拆成功，防守球员 3 号开始向外移动，8 号继续直接向中间移动至二门柱，把空间留给后点的 6 号；3 号封堵射门时，9 号回传，7 号不停球直接找到已经在回头点准备射门的 6 号球员，进行射门（见图 8-28）。

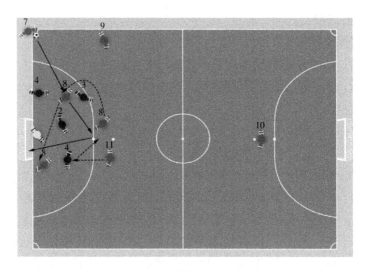

图 8-28 角球战术训练 1 变化

▶ **角球战术练习 2**

- 目的：通过角球利用挡拆创造射门的空间，形成射门机会。
- 目标：利用战术行为创造空间，形成射门机会。
- 人数：16+4GK 人。
- 时间：30 分钟。
- 场区：20 米×20 米（两侧角球）。
- 器材：标志服、球若干，球门两个。
- 组织：8 号球员准备发球，7 号球员移动到前点假装射门，挡住防守 6 号和 9 号球员形成一条线；8 号球员发球经过 7 号后传给 9 号；9 号球员接球，同时，7 号球员再次移动挡拆 13 号；16 号球员在 2 门柱准备，此时，9 号球员射门或传给 2 门柱 16 号球员。（见图 8-29）
- 指导要点：发球队员传球的质量，发现空位时，及时传球，接到球后直接射门；无球队员的移动要清晰并且快速，一动全动；根据防守队员的位置进行应变，每个位置的球员都要做好接球射门的准备。
- 变化：7 号球员第一次移动时可以根据防守队员的防守行为做选择，如果没有跟随，选择直接射门。

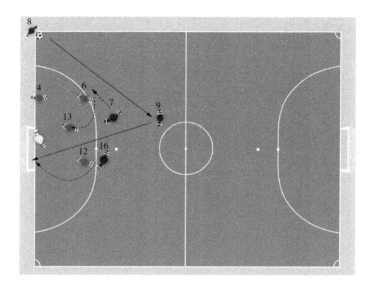

图 8-29 角球战术练习 2

▶ **角球战术练习 3**

- 目的：通过角球创造射门得分的机会。
- 目标：利用战术行为创造空间，形成射门机会。
- 人数：16+4GK 人。
- 时间：30 分钟。
- 场区：20 米 ×20 米（两侧角球）。
- 器材：标志服、球若干，球门两个。
- 组织：4 号球员进行发球，5 号球员准备向前迎球，可以选择直接进行打门或者传二门柱。3 号球员绕前进行前点的挡拆，给 5 号球员增加调整射门时间或者给二门柱球员传球的时间。2 号球员进行绕跑二门柱，做好包抄射门的准备。4 号球员发球时可以根据防守人选择给 5 号球员，或者是进入禁区里的 3 号球员，或者二门柱的 2 号球员，根据场上情况跟空当进行传球。（见图 8-30）
- 指导要点：发球球员要有观察力，注意传球的质量，发球后进行保护，挡拆球员要坚决执行战术要求，首先做好挡拆，然后根据防守球员的位置进行应变，随时做好射门或者补射的准备，所有球员做好射门的准备。
- 变化：3 号球员挡拆后进入禁区，同时做好射门准备，2 号球员跟着 3 号球员的跑动路线在回头点准备接应射门。

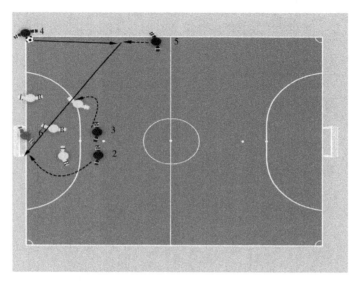

图 8-30　角球战术练习 3

八、任意球战术

在五人制足球比赛中，由于场地相对较小，犯规的次数也会增加，任意球已成了五人制足球比赛中破门得分和决定比赛胜负的关键因素之一。

执行任意球战术时，发球球员与其他球员之间的协同配合至关重要。在发球时，主罚球员应选择最佳时机，以精确的传球或射门，运用恰当的力量，确保任意球的有效性和威胁性。因此，主罚球员需要保持冷静，避免急躁，同时具备出色的阅读比赛的能力。

根据五人制足球比赛规则，所有的任意球发球都必须在 4 秒钟内完成，这一规定增加了任意球战术的紧迫性和执行难度。

任意球分为两种类型：直接任意球和间接任意球。这两种任意球的战术安排和执行方式各有不同，需要球队根据实际情况和对手的防守布局来精心策划。

直接任意球：直接踢进对方球门——进球；直接踢进本方球门——对方角球；所有直接任意球计入累计犯规次数。

间接任意球：直接踢进对方球门——球门球；直接踢进本方球门——对方发角球。

▶ **任意球战术练习 1**
- 目的：提高球员利用移动造成对方防守混乱的能力，传球至空位，形成射门机会。
- 目标：利用战术行为创造空间，形成射门机会。
- 人数：16 + 4GK 人。
- 时间：20 分钟。
- 场区：40 米 × 20 米
- 器材：标志服、球若干，球门两个。
- 组织：在 9 号球员准备传球的同时，其他三名球员同时进行逆时针移动，9 号球员去到人墙一侧空当，6 号球员移动到球点进行传球或射门，7 号球员移动到另一侧门柱附近，8 号球员迂回跑挡住 4 号球员内侧，给移动过去的 6 号球员创造出空位进行传球，或给 8 号球员制造出射门的空间，7 号球员移动时创造出空位，也给对方制造了防守的混乱，最后 6 号发球人传球后进行保护平衡，10 分钟后进攻防守交换。（见图 8 – 31）。
- 指导要点：发球球员传球的质量，发现空位时，及时传球，接到球后直接射门；无球球员的移动要清晰且快速，一动全动；根据防守球员的位置及反应进行变化，每个位置都要做好接球射门的准备。
- 变化：8 号球员挡拆内侧后转身，9 号球员可以传球给 8 号球员，直接进行打门。

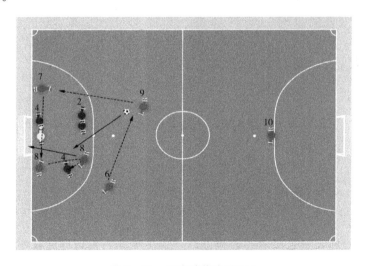

图 8 – 31　任意球战术练习 1

▶ **任意球战术练习 2**
- 目的：任意球利用挡拆快速形成射门机会。
- 目标：利用战术行为创造空间，形成射门机会。
- 人数：16 + 4GK 人。

- 时间：20 分钟。
- 场区：40 米×20 米。
- 器材：标志服、球若干，球门两个。
- 组织：发球球员 9 号准备传球，同时，7 号球员在人墙一侧准备接球；8 号从门柱位置移动回来进行挡拆 4 号，给 6 号制造直接打门的空间；9 号把球横传过来，同时，6 号准备靠近，直接进行射门。10 分钟后，进攻防守交换练习。（见图 8-32）。
- 指导要点：发球队员的传球质量，传球时机；挡拆队员挡住后的拆要快速，所有人做好射门准备；6 号球员需要一名右脚队员。
- 变化：9 号球员传给 7 号，7 号横传中路，8 号挡拆完转身进到中路射门；6 号球员做好准备，8 号不打门，如果假射，6 号准备随时射门。

图 8-32　任意球战术练习 2

九、反击战术

反击是一种常见且高效的进攻方式，也是最有机会进球的技术之一。反击战术的成功执行依赖于队员的传球时机和把握机会的能力。

反击战术通常应用在对手进攻未果，未能及时回撤到防守位置时。此时，反击球员需要迅速前插，利用对方防线的空当，通过人数优势（多打少）进行快速决策。球员可以通过个人技术突破或精准传球来取得时间上的优势，进而射门得分。

在执行反击战术时,球员需要根据场上的人数对比,选择最佳的出球时机。利用场地的空间优势拉开与防守球员的距离,从而在局部区域形成人数上的优势和空当,为射门创造条件。

▶ **反击训练**1:1 v 0、2 v 1、3 v 2、4 v 3 **等形式的反击**
- 描述:通过反击训练,寻找最快的进攻线路和最有效的得分方式。
- 目的:提高球员攻防转换的意识。
- 目标:在反击练习中,作出合理的决策并完成进攻,取得进球。
- 人数:16 +4GK 人。
- 时间:30 分钟。
- 场区:30 米 ×20 米。
- 器材:标志服、球若干,球门两个。
- 组织:在 30 米 ×20 米的场区内进行攻防练习。守门员发球给边路进攻 9 号球员,9 号快速带球进行射门,防守方守门员抱住球或者扑出球后,快速发球给本方球员。刚射完门的 9 号球员进行回追防守,本方球员 4 号、5 号从底线两侧向前跑动要球,形成 2 v 1 局面,快速进行决策并射门。守门员取得球后,进攻方上 2 名球员,形成 3 v 2 局面,直到 4 v 3 结束一组练习。换另一组练习从 1 v 0 开始,2 v 1、3 v 2、4 v 3,以此循环。(见图 8 - 33)
- 指导要点:反击的速度,传球的时机,快速的决策创造出直接面对守门员的优势,射门机会的把握,攻防转换的反应要迅速。
- 变化:射门队员需要摸到对方门柱再回追防守。

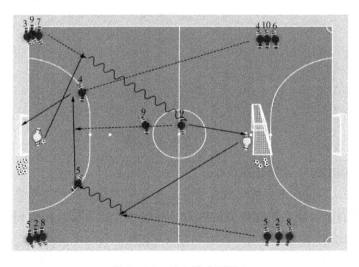

图 8 - 33 **反击技术训练 1**

▶ **反击练习2：5v5形式的反击**

• 描述：寻找最快的进攻线路和最有效的得分方式。利用场地的空间拉开与防守人的距离，寻找快速反击的时机，射门，得分。

• 目的：提高攻防转换的速度。

• 目标：在反击练习中，作出合理的决策并完成进攻，取得进球。

• 人数：16+4GK人。

• 时间：20分钟。

• 场区：40米×20米。

• 器材：标志服、球若干，球门两个。

• 组织：在40米×20米的场区内进行比赛，听口令。教练给防守方球权，防守方守门员拿球、发球，快速向前进攻，形成射门得分的机会。（见图8-34）

• 指导要点：反击的速度、传球的时机、快速的决策创造出直接面对守门员的优势，射门机会的把握，攻防转换的反应要迅速。

• 变化：教练可以连续给球，频繁交换球权来达到练习目的。

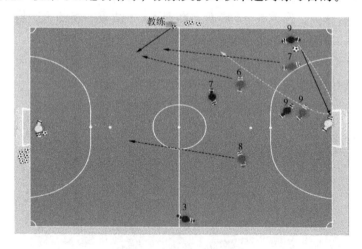

图8-34 反击技术训练2

▶ **反击训练3：全场区域反击**

• 描述：通过反击训练寻找最快的进攻线路和最有效的得分方式。让球员在无氧的状态下，提高快速往返的能力，并快速作出决策，把握得分机会，让练习更接近比赛。

• 目的：提高比赛中反击局面时的优势，更快、更高效地完成进攻与射门。

- 目标：提高反击练习中射门得分的能力。
- 人数：16+4GK 人。
- 时间：20 分钟。
- 场区：40 米×20 米。
- 器材：标志服、球若干，球门两个。
- 组织：在 40 米×20 米的区域内进行反击练习，守门员发球训练开始。9 号球员接球后带球面对守门员进行射门，守方守门员接到球或出底线后快速发球给本方底线 7 号或 3 号球员，接球球员快速进攻，进行 2v1。9 号球员则由攻转守快速回追防守。守门员取得球后，进攻方 2 名队员，形成 3v2 局面，直到 4v3 结束一组练习。换另一组练习从 1v0 开始，2v1、3v2、4v3，以此循环。（见图 8-35）
- 指导要点：反击的速度，传球时机，传球的准确性，攻防转换的速度。
- 变化：两队进行比赛，适当增加奖惩方案。

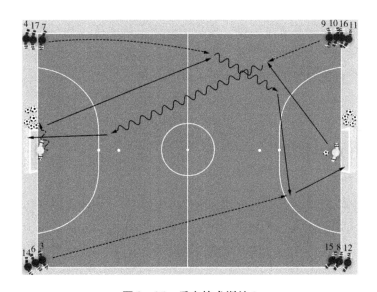

图 8-35　反击技术训练 3

第九章

五人制足球体能训练特点

五人制足球允许每支球队的 14 名球员参加比赛,这是一项非常激烈的运动,要求场上所有球员全力以赴。在比赛中,场上除守门员外仅有 4 名队员,因此,球队在任何时候必须协同进攻或集体防守。在十一人制足球比赛中,运动员大部分时间为低强度运动,如慢走和慢跑;而五人制足球的特点是突然加速、快速变向和急转急停,由于球速更快,球员跑动的速度也必须相应提升。

在比赛中,参赛球队允许再次换上被替换下场的球员,这意味着球员在场上需要时刻都能保持高强度运动,而疲劳时则下场休息。五人制足球在很大程度上会考验球员的无氧供能系统,要求球员在比赛过程中能不断重复完成高强度的动作。如此高强度的训练对于球员从五人制比赛转换到十一人制比赛时会有诸多益处。

一、体能的准备

体能是指人体通过力量、速度、耐力、柔韧性、灵敏度以及协调性等多个因素所表现出来的能力。体能是一个综合概念,涵盖了人体多个方面,体现了人在运动和日常生活中的身体状况和运动能力。

(一) 心肺耐力

耐力是指人体在长时间内进行肌肉活动的能力。耐力素质可以从多个角度进行分类,包括肌肉耐力和心血管耐力。肌肉耐力,也称力量耐力,是指肌肉在长时间持续运动时所能保持的力量和耐受力。心血管耐力则涉及心脏和血管系统在长时间运动中的表现,进一步细分为有氧耐力和无氧耐力。有氧耐力是指机体在氧气充足的条件下能够长时间坚持运动的能力,主要消耗糖和脂肪。无氧耐力,也称速度耐力,是在无氧条件下能够长时间坚持运动的能力。

（二）力量

力量是指人体或身体某部位肌肉在工作时克服阻力的能力，包括最大力量、相对力量、速度力量、力量耐力。在运动员领域，力量是决定运动成绩的要素之一，与其他身体素质有着密切关系，是掌握运动技术、提高运动成绩的基础。依照力量的表现形式及成分，一般分为最大力量、快速力量（爆发力）和力量耐力。其基本工作形式分为等张收缩、等长收缩、离心收缩、等动收缩、超等长收缩。力量体现了人体的肌肉力量对抗外来阻力的能力。（见图9-1）

图9-1　力量训练（保加利亚蹲训练）

（三）肌肉的发展

肌肉的发展包括发展最大力量，中等负荷的运用（40%～60%）。肌肉发展的训练方法见图9-2。

图9-2　后群肌练习

（四）肌肉的协调性

肌肉的协调性包括发展最大力量，高负荷（75%～100%）。训练方法是根据自身能力，尝试最大重量。这项练习旨在发展最大力量，因此，在次数上可以相对减少，而在重量上则须全力以赴。（见图9-3）

图9-3　肌肉的协调性训练（壶铃训练）

（五）超等长

超等长训练是在跳跃或投掷动作中，通过肌肉与神经系统的协同激活，可以有效地提升最大力量，例如，通过多种跳跃练习，利用楼梯等进行训练。此类训练方法适用于高强度行为的训练。它被认为是一种转换训练，即通过专项分析身体练习来提高技术技巧。训练方法是通过专项分析身体从而增加的超等长训练，更多在于转换力量，旨在唤醒运动员的肌肉，让它们"活"起来。（见图9-4）

图9-4　跑楼梯练习

（六）综合

综合训练方法是根据提高肌肉的发展或肌肉协调性的需求，把所有形式的力量锻炼整合在一起。它通过把不同负荷的需求量和重复次数结合在一起来达到效果。

综合训练是把协调灵敏的移动与跳跃、器械力量等所有的力量训练类型综合起来。根据不同的要求和目的，把这些训练方式结合在一起，以达到最大的效果。

（七）速度力量

速度力量的增加也需要增加最大力量。在攻防转换训练课中也能提高这方面的能力。

训练方法为选择较大的场地区域进行训练，1ⅴ1专项练习里面，既增加了身体对抗的力量，也增加了带球向前的速度。

（八）力量耐力

力量耐力训练是小负荷（20%～50%）和多次数的重复配合使用。循环训练对力量耐力的提升有显著效果，包括自重练习、实心球练习、静力性训练、负重杠铃、多级跳、超等长训练、实心沙衣训练。

在进行力量耐力训练时，可以选择较轻的重量，并增加重复次数，以此达到训练目标。可以采用上下肢交替的循环练习，引入更多的训练项目。在这一过程中，不需要使用最大重量，而是在重复次数上提出更高的要求。（见图9-5）

图9-5 卧推训练

(九) 速度

速度在体能上是指人体快速运动的能力,它是决定运动成绩的重要因素之一。在竞技运动中,速度主要体现为快速完成动作、对各种信号刺激的快速反应以及快速位移的能力。速度在体能中包括反应速度、动作速度和移动速度三种形式。

反应速度是指人体感受器官发现外界刺激信号,并被神经中枢识别的速度。动作速度是指人体在最短时间内执行运动行为的能力。移动速度则是人体快速位移的能力。

在训练场地上,可以进行一系列结合跳跃和冲刺的训练,如结合球类运动完成射门练习。这些练习包括动作速度(如跳过障碍、启动接球、射门动作)、反应速度(如跳过障碍后的迅速启动和接球)、移动速度(如带球前进)。通过这些练习,可以促进力量与速度的有效转化,最终达到提高运动表现的目的。

(十) 反应速度

反应速度包括不同刺激的反应,如视觉、听觉、触觉等。提高反应速度,可以通过改变外部刺激,如增加训练时的用球数、缩小练场地、不同的有利条件和不利条件等。

训练方法为双腿并拢,伸直坐下,正面朝向前方。听到指令后,迅速站起并冲刺越过桶。此练习还可以变换方向进行,如背对或侧对桶站立,听到指令后迅速转身并冲刺。这样的循环练习有助于提高反应速度。(见图9-6)

图9-6 反应速度练习

（十一）速度频率

速度频率的改善需要提高力量和速度，训练包括从不同的位置开始、改变速率、多级跳、超等长跳等。

训练方法为从桶的后方开始，进行侧向跳跃，目标是落在桶的一侧，并与桶保持在同一水平线上。接着，横向跳至另一侧，跳入两个桶之间的空隙，并在此过程中调整脚步。在练习时，要注意保持身体的重心稳定，维持身体平衡，避免身体发生扭转。同时，确保膝盖不超过脚尖，进行反复练习。（见图9-7）

图9-7 速度频率练习

（十二）最快速度

要提高速度，肌间和肌肉的协调性是非常重要的，同样的还有主动肌和对抗肌的协调性，需要重复训练。训练时长不能超过6秒钟。

训练方法包括将一些互动游戏融入训练中，例如，面对面摆脱练习：两名参与者面对面站立，中间放置一条线作为起点。听到指令后，双方尝试通过快速移动和变向摆脱对方，然后冲刺过线。听口令拿球游戏：参与者站在起点，前方不远处放置一个球。听到指令后，参与者迅速跑到球的位置，拿起球并返回原位。

（十三）速度耐力

速度耐力练习每组持续时间短，重复组数多，减少恢复时间。尽量确保所有的活动都是在无氧乳酸效果上。

练习方法为 5 米距离的折返跑，来回即为 1。队员由 1 开始训练，每次间歇 10 秒钟，叠加进行，一直到 5 结束为 1 个循环练习。根据要求进行反复练习。注意将重心降低，放在前脚掌上，便于启动发力。（见图 9-8）

图 9-8　折返练习

（十四）柔韧性

柔韧性是身体在运动中能够保持关节活动范围的能力，不仅包括关节的活动幅度，还包括肌肉、肌腱和韧带的伸展能力。柔韧性的好坏取决于多个因素，如关节的骨结构、关节周围组织的体积和肌肉、韧带组织的伸展性，以及年龄和体温等。

产生影响的因素包括中枢神经系统、肌肉张力、腱膜（包裹肌束的膜）、时间、环境温度、年龄。

提高柔韧性的训练最理想的年龄应该是 11 至 14 岁。放松的和强制性的被动活动年龄应在 12 至 17 岁。从 17 岁开始，综合性的柔韧训练要持续，同样要注意专项运动的关节和肌群等练习。

练习方法包括：静态牵拉（见图 9-9）、动态牵拉。

图 9-9　柔韧性训练（静态牵拉）

（十五）协调性

协调性是指人体在运动过程中，身体的各器官系统在时间和空间上相互配合完成动作的能力。协调性是完成动作的基本条件之一，是速度、力量、耐力、平衡、柔韧性等各种素质与运动技能协同的综合表现。协调性是人体神经肌肉的一种能力，即可使人体运动更有组织性，更规范，并能准确地执行要求的动态行为。

协调性的类型包括整体协调性，即针对球的综合性活动（跑、跳等）；局部协调性，即针对个人身体局部的活动（手—眼、脚—眼等）。

练习方法包括结合圈环、栏架等练习；单脚跳，双脚跳；结合器械的跳跃；结合绳梯的脚步移动练习。

训练方法为在栏架后准备，并跟栏架保持一定距离。起跳时，注意身体向前，重心放在起跳腿上面，前脚掌蹬地发力，身体向上、向前，膝盖不要超过脚尖，手臂随身体摆动。（见图 9-10）

图 9-10　协调性训练（单脚跳栏架）

二、肌肉放松与恢复

（一）大腿前侧牵拉

拉伸大腿前侧时，拉伸腿向后弯曲，手拉住拉伸腿的脚踝处，将脚踝向臀部靠近（见图 9-11）。拉伸大腿前侧有利于扩大膝关节和臀部的活动范围，减少大腿前侧肌肉的张力。牵拉动作须保持 15～30 秒后再进行其他动作。

图 9-11　大腿前侧拉伸

（二）单腿后侧肌群拉伸

将右脚收进左侧大腿内侧，左腿前伸，双手尽量前伸抓住左脚脚踝位置（见图 9-12）。尽量用下背部做拉伸，而不是上背部。上背部尽量保持笔直下压，左腿也应该保持笔直，做完左脚换右脚。上背部和腿部的外展肌也会有拉伸感。牵拉动作须保持 15～30 秒后再进行其他动作。

图 9-12　单腿腘绳肌拉伸

（三）腹股沟（内收肌）拉伸

坐在垫子上，屈双膝，双脚掌心并拢，双手扶住踝关节处，手肘放在膝关节内侧向外、向下发力（见图9-13）。拉伸时，避免突然或快速地活动，缓慢地向下发力。内收肌对于足球动员来说很重要，在脚弓传球时会用到内收肌，扩大内收肌活动范围，减少大腿内侧肌肉的张力。牵拉动作须保持15～30秒后再进行其他动作。

图9-13 腹股沟（内收肌）拉伸

（四）双边坐式拉伸

双腿并拢伸直，保持后背挺直并与地面垂直。将双手直臂牵伸尽量抓住踝关节（见图9-14）。拉伸时注意保持膝关节伸直，此动作针对那些受过大腿后侧张力影响或坐骨胫骨肌紧张而导致腰部问题的人，也适用于大部分运动员。牵拉动作须保持15～30秒后再进行其他动作。

图9-14 双边坐式牵拉

（五）臀大肌后侧拉伸

坐在垫子上，右腿膝关节弯曲，与地面平行，小腿向身体靠近。左腿膝关节弯曲，与右腿交叉。手臂放置在交叉膝关节外侧，身体向左侧旋转。（见图9-15）。30秒后换另一条腿，重复此动作。

图9-15 臀大肌后侧拉伸

三、泡沫轴的放松方法

（一）大腿前侧肌群放松

大腿前侧肌群包括股四头肌（股直肌、股内侧肌、股外侧肌、股中间肌）、缝匠肌。使用泡沫轴时，将身体的着力点放在大腿前侧，双臂肘关节撑地，以此为支点在泡沫轴上前后滚动放松，缓解大腿前侧肌群的张力（见图9-16）。放松时间可根据运动后肌肉紧张程度和放松过程中的缓解情况决定。可以一条腿放松后换至另一条腿，也可以双腿同时进行。

图9-16 大腿前侧肌群放松

（二）大腿后侧肌群放松

大腿后侧肌群包括股二头肌、半腱肌、半膜肌。使用泡沫轴时，将身体的着力点放在单侧大腿后侧，另一侧屈膝支撑，双臂伸直向后支撑身体，将大腿后侧放在泡沫轴上前后滚动进行放松，缓解单侧大腿后侧肌群的张力（见图9-17）。放松时间可根据运动后肌肉紧张程度和放松过程中的缓解情况决定，可以一条腿放松后换至另一条，也可以双腿同时进行。

图9-17　大腿后侧肌群放松

（三）小腿后侧肌群放松

小腿后侧肌群包括浅层的腓肠肌和比目鱼肌，及深层的胫骨后肌等。使用泡沫轴时，下肢伸直，将身体的着力点放在小腿后侧，双臂伸直向后方或侧方支撑身体，臀部和双脚悬空。以手臂为支点使泡沫轴前后滚动进行放松，缓解小腿后侧肌群的张力（见图9-18）。放松时间根据运动后肌肉紧张程度和放松过程中的缓解情况决定。

图9-18　小腿后侧肌群放松

（四）大腿外侧肌群放松

大腿外侧肌群主要包括髂胫束、阔筋膜张肌、缝匠肌近膝段、股外侧肌、长收肌、短收肌等。使用泡沫轴时，侧身将身体的着力点放在单侧大腿外侧，单脚侧面着地，另一侧屈膝向前自然放置支撑重心。放松时，一侧手臂伸直，向下支撑身体，另一侧手叉腰或自然放置，将大腿外侧放在泡沫轴上前后滚动进行放松，缓解单侧大腿外侧肌群的张力（见图9-19）。放松时间根据运动后肌肉紧张程度和放松过程中的缓解情况决定。当一侧放松结束后交换放松另一侧。

图9-19　大腿外侧肌群放松

（五）臀部肌群放松

臀部肌群由臀大肌、臀中肌、臀小肌、阔筋膜张肌等肌肉组成。使用泡沫轴时，侧身将身体的着力点放在臀部，单脚屈膝着地，另一侧屈膝横跨放置于支撑腿的膝盖上，手臂自然向后伸直支撑身体重心，将臀部放在泡沫轴上前后滚动进行放松，缓解臀部肌群的紧张程度（见图9-20）。放松时间根据运动后肌肉紧张程度和放松过程中的缓解情况决定。

图9-20　臀部肌群放松

（六）背部肌群放松

背部肌群包括浅层的斜方肌、背阔肌和深层的骶棘肌。使用泡沫轴时，侧身将身体的着力点放在背部，双腿自然屈膝着地支撑身体重心，双手交叉抱头或自然放置，将背部放在泡沫轴上前后滚动进行放松，缓解背部肌群的张力（见图9-21）。放松时间根据运动后肌肉紧张程度和放松过程中的缓解情况决定。

图9-21　背部肌群放松

四、平衡稳定性练习

（一）波速球俯卧撑

波速球俯卧撑是从传统的俯卧撑演变而来的，更加考验肩关节的支撑性和躯干的稳定性，在俯卧撑的基础上增加波速球的训练（见图9-22）。可以在完成俯卧撑后，做一个提膝的动作来增加难度，使练习变成动态形式。

图9-22　波速球俯卧撑

（二）双腿站立下蹲（静止）

双脚站在球面上，双膝微屈，挺胸抬头，两臂平行前伸（见图 9-23）。做静态训练，保持匀速呼吸，坚持 45～60 秒。此外，还可做动态训练，在球面上做蹲起练习，注意起立时吸气，起来时膝关节保持微屈且不要伸直。

图 9-23　双腿站立下蹲

（三）单腿站立

单脚站在平衡垫上，另一侧抬起膝关节，大腿和小腿成 90 度，大腿与地面平行，两侧手臂侧平举（见图 9-24）。站立时，保持身体稳定不晃动，静止状态保持 45 秒。还可做动态训练，在练习时可以做单脚蹲起练习，注意起立时的稳定性，起来时膝关节不要内扣。

图 9-24　单腿站立

（四）单脚燕式平衡

单脚站在波速球上，身体俯身，头、背、腿保持在一条直线上，两侧手臂前平举或平展开。支撑腿保持微屈，身体静止不动，保持平衡（见图9-25）。膝关节不要内扣，坚持45秒，换另一侧交替进行。过程中，保持匀速呼吸，注意核心的稳定。

图9-25　单腿燕式站立

（五）波速球深蹲

深蹲是训练臀部肌肉以及腿部肌肉的一个标志性的动作。在训练的时候，把深蹲动作跟波速球结合起来，增加了很多不稳定性（见图9-26）。这能增强腿部肌肉跟臀部肌肉的稳定性，提高核心力量，增加对身体稳定性的控制能力。

图9-26　波速球深蹲

（六）V字折叠伸展

V字折叠伸展是腰腹核心控制练习中有一定难度的动作。动作要点为臀部置于半球上保持身体稳定后，腹部卷曲微收紧。腹直肌向心收缩时躯干尽量贴向大腿，两腿蜷起，离心收缩慢慢放回。脚尽量不要接触地面（见图9-27）。在波速球上进行练习会比在垫上动作要难，因为不稳定，所以需要核心更强的控制能力。

图9-27　V字折叠伸展

五、灵敏性练习

绳梯训练是一种利用梯形绳索训练运动员脚步灵活性、敏捷性的方法（见图9-28）。它不仅是一种脚步练习的主要工具，而且对于需要脚步快速移动的多种运动项目来说，绳梯训练结合多种体适能训练中使用频率非常高的器材，如绳梯组合、标志桶、小栏架等，并通过多种路线、运动形式等组合练习（见图9-29），发展运动员的体能素质，提高绳梯训练的多样性与趣味性。这种训练方法特别适合青少年，能通过提高动作敏捷性，为他们的运动表现和身体素质打下坚实的基础。

图9-28 绳梯训练

图9-29 栏架跳跃

绳梯的练习方法有：单脚一步一格、双脚一步一格、单脚刺探步、双脚开合跳、双脚交叉开合跳、滑雪跳、双脚交叉步、拳击步、单脚跳、双脚跳。

第十章
足球运动员常见运动损伤的处理方式与预防

足球是一项具有较高对抗性的运动，过程中不可避免地存在受伤的风险。因此，运动员必须掌握相应的训练知识和运动损伤处理技能，以便在受伤时能够采取正确的措施，有效降低受伤的严重程度。

一、常见的运动损伤及处理方式

（一）擦伤

擦伤是指钝性致伤物与皮肤表皮层摩擦而造成的以表皮剥脱为主要表现的损伤，是开放性损伤中最轻的一种（见图10-1）。擦伤多因摔倒后与地面摩擦接触发生，可单独发生，也可以与挫伤、挫裂伤同时发生。擦伤处局部可能存在红肿和疼痛。损伤通常发生于表皮层，但也可涉及真皮层，伴有真皮层损伤时可发生出血。典型的擦伤呈条状、片状等，大小和形态不一。伤口可以自愈，其过程大概为：3～6小时后创伤面渗液，开始变得干燥；在12～24小时内痂皮形成，开始时痂皮呈淡黄色，随后颜色变深并逐渐为深褐色；3～5天内周围表皮再生，逐渐覆盖受伤处，痂皮从四周开始脱落；1～2周内痂皮完全脱落，皮肤完全愈合。

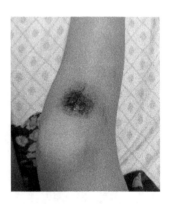

图10-1　擦伤

对于小而浅的擦伤伤口，无出血或出血轻微的创伤，只需要给伤口表面进行消毒，可在伤口处用碘伏进行消毒，然后保持伤口干燥即可，1～2周后伤口自行愈合，愈后不留瘢痕；对于擦伤面积大、表面有污染的或出血量大的伤口，须用生理盐水进行冲洗创面，然后进行消毒和包扎，同时注意定时消毒和更换包扎用的无菌敷料，避免伤口感染。

（二）肌肉拉伤

肌肉拉伤是指肌肉在运动中急剧收缩或过度牵拉引起肌纤维撕裂的损伤，主要是运动过度、准备活动不充分或运动方式不正确引起姿势扭曲等导致的（见图 10-2）。环境因素如气温、湿度和场地等不适宜运动，也会导致肌肉拉伤。肌肉拉伤后，拉伤部位剧痛，用手可以摸到肌肉紧张形成的条索状硬块，触摸时疼痛明显，肌肉活动受限制，或有局部充血肿胀。

图 10-2　肌肉拉伤

拉伤后感觉疼痛应立即休息，停止运动，减少肌肉的使用。在休息状态下，肌肉和肌腱等软组织急性损伤的恢复效果最好，还可以防止损伤进一步加重。拉伤后还应尽快进行冰敷治疗，可以使用冷毛巾、冰块等，对疼痛处尽可能大的皮肤表面进行处理，使损伤处的毛细血管收缩，减少局部充血、水肿，缓解疼痛。对于患处在急性损伤48小时内均可冰敷，一次15～30分钟，须注意避免冻伤，不得揉搓及热敷。疼痛及肿胀严重者还可以采用包扎加压的方式减轻症状和促进恢复，可以使用弹性绷带对患处进行加压包扎。包扎时注意避免缠绕过紧使末端缺血，保障受伤部位的血液循环通畅；同时，抬高患肢，促进血液回流，有利于损伤恢复。48小时后应进行热敷，促进患处血液循环，加速损伤恢复。

（三）扭伤

扭伤属于闭合性软组织损伤，是指位于关节周围及内部，与肌肉组织一起维持关节稳定和辅助关节运动的坚韧结缔组织（即韧带），在关节扭转、肌肉突然收缩的时候受到外力作用，使关节周围的韧带过度伸展、扭转所致的急性损伤（见图 10-3）。扭伤多由剧烈运动、运动方式不正确、姿势不当、过度牵拉扭转所引起，多数情况下不伴有皮肤破损、骨折、脱位等情况。扭伤后，受损部位出现局部疼痛、关节肿胀、压痛、活动受限等症状，尤其在损伤韧带活动时疼痛明显。足球运动员尤其注意膝关节和踝关节的保护。

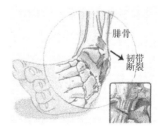

图 10-3　扭伤

扭伤后应尽快对伤处进行正确处理，遵守

PRICE 原则，即保护（protection）、休息（rest）、冰敷治疗（ice）、加压包扎（compression）、抬高患肢（elevation），对患处进行保护，立即休息，停止运动，减少对受损关节的使用。进行冰敷治疗时，可以使用冷毛巾、冰块等，在受伤关节处尽可能包绕进行处理，减少损伤处局部充血水肿，缓解疼痛。对于患处在急性损伤 48 小时内均可冰敷，一次 15～30 分钟，需注意避免冻伤，且不得揉搓及热敷，应采用包扎加压的方式减轻疼痛症状，可以使用弹性绷带对患处进行加压包扎。包扎方向应自然，不影响关节正常活动，注意避免缠绕过紧使末端缺血，保障受伤部位的血液循环通畅。抬高患肢，促进血液回流，有利于损伤恢复。48 小时后应进行热敷，促进患处血液循环，加速损伤恢复。扭伤可以自行恢复，经过积极合理的治疗，一般可以在 1～2 周内治愈，但若情况严重未得到有效治疗者，可能会导致病情迁延，遗留多种关节功能障碍问题。若在扭伤恢复期没有进行正确规范的治疗，在旧伤未愈的情况下再次发生扭伤，反复多次后可能会形成习惯性扭伤，甚至引起软骨损伤或关节炎症。

（四）脱臼

脱臼，即关节脱位，是指关节稳定结构受损，构成关节的上下两个骨端离开了原有的正确位置，发生错位，失去了正常的对合关系（见图 10-4），多因摔倒等外力冲撞关节导致。脱臼表现为关节处疼痛剧烈、正常活动丧失、关节部位出现畸形、关节周围肿胀等症状。关节脱位后关节囊、关节韧带、关节软骨、肌肉等软组织也有程度不一的损伤，而关节肿胀可能伴有血肿，若不及时处理复位关节，导致血肿机化后关节粘连，出现关节不同程度的功能丧失。脱臼多发生于大关节和小关节，上肢关节的发生多于下肢关节，其中以肘关节和肩关节发生脱臼频率最高。

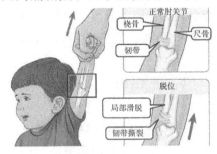

图 10-4　脱臼

脱臼的治疗要点为复位、固定和功能恢复训练。一旦发生脱臼，应立即停止活动，更不可揉搓脱臼部位，防止关节移动后骨端错位加重，并用夹板、吊带等将受伤关节平稳地固定在患者最舒适的位置，注意要固定在受伤关节的上方或下方，避免影响患处的血液循环。若疼痛难忍，可采取冰敷的方式缓解疼痛和肿胀，须注意避免冻伤。在妥善固定后迅速就医，进行专业的手法复位，复位后将关节固定于正确且稳定的位置上，固定时间 3～4 周。在恢复期间，应定时进行功能锻炼，促进关节周围的肌肉收缩运动和患肢其他关节的主动运动，以促进血液循环，消除患处肿胀，加速损伤恢复，同时避免患处周围的肌肉萎缩和关节僵硬，丧失运动功能。

（五）骨折

骨折是指骨结构的完整性被破坏或连续性中断（见图10-5）。骨折通常分为两种：一种是皮肤没有破损的伤口，断骨不与外界相通，称为闭合性骨折；另一种是骨头的尖端穿过皮肤，断骨端通过伤口和外界相通，称为开放性骨折。当骨骼所承受的力量超过自身能够承受的最大强度时，就会发生骨折。大多数骨折由摔倒、冲撞等外部的暴力作用引起。骨折发生后会出现局部疼痛，活动或移动骨折处时疼痛明显加重，且局部压痛明显。骨折端周围出血形成血肿或软组织受损形成水肿，还可出现局部肿胀。骨折后患肢会出现相应的运动功能障碍，活动受限。骨的畸形、反常活动，以及骨擦音（感）是骨折特有的症状。

图10-5　骨折

骨折发生后应立即停止运动，更不可揉搓骨折部位，防止骨断端移动后错位加重，并用夹板、吊带等固定受伤部位。对于开放性骨折，绝大多数伤口出血可采用加压包扎的方式止血。若大血管破裂出血，导致出血量过大，采取加压包扎方式不能止血时，可用止血带进行止血。且开放性骨折不可用手将断端回收进皮肤，以免将污物带入机体引起炎症，应该先用生理盐水冲洗伤口，再用消毒纱布对伤口进行包扎，对受伤部位进行固定、止血并立即送医寻求治疗。对于闭合性骨折，急救时不必脱去患肢的衣裤和鞋袜，以免过多地搬动患肢，增加疼痛。对于患处疼痛、肿胀严重者，可用剪刀将覆盖患处的衣物剪开减轻压迫感。若骨折后伴有明显畸形，并有穿破软组织或损伤附近重要血管、神经的危险时，可适当牵引患肢，使之变直后再行固定。

正确固定骨折处后应立即就医，进行专业的手法复位，让骨折后发生移动的骨断端重新回到正确的解剖位置，恢复骨骼的支撑作用。但在骨折复位后，因其不稳定容易再发生移位，需要利用不同方法将其固定在对应的位置上，促进损伤愈合。在恢复期间，应定时进行功能锻炼，促进受伤肢体的肌肉收缩运动和患肢其他关节的主动运动，以促进骨折周围的血液循环，消除患处肿胀，加速损伤恢复，同时避免患处周围的肌肉萎缩和关节僵硬，丧失运动功能。

二、常见的运动性病症及处理方式

（一）肌肉痉挛

肌肉痉挛，即抽筋，是指人体肌肉自发的一种强直性收缩，引起局部剧烈疼痛和活动障碍，可持续几秒到数十秒之久，多发生在小腿肌肉。肌肉痉挛大多是准备工作不充分、肌肉过度疲劳和强烈的冷刺激引起，另外，缺钙、局部神经血管受压也可引起经常性的肌肉痉挛。

小腿肌肉痉挛发作时，应立即停止活动，采取坐姿将双腿平放伸直，脚尖上翘的同时脚跟用力前蹬进行拉伸，一般可结束痉挛。运动中，需要注意休息和保暖，平时注意补钙。

（二）过度疲劳

身体肌肉承受大量运动未能进行放松和恢复，会导致机体产生过度疲劳。过度疲劳表现为：运动后，次日肌肉非常疼痛；肌肉的疼痛感随锻炼次数增加而逐渐加强；体重不正常地持续下降；原本能完成的训练任务变得无法完成；静息状态下心率增加 8～10 次；对体育运动产生厌倦；感冒、头疼等症状增多；食欲下降；颈部、腋下、腋前、腹股沟等处淋巴结肿大；大便异常，如腹泻、便秘等。

如果在锻炼过程中，出现上述过度疲劳症状，应该减少运动量或停止锻炼，直到过度疲劳的症状消除，身体机能恢复正常。

三、运动损伤的预防

一旦受到严重的运动损伤,实现彻底康复并恢复到原先的生理功能水平往往是极具挑战性的。因此,在处理运动伤害时,应坚持预防优于治疗的原则,努力预防运动伤害的发生。

(一)运动前的准备

在进行正式训练或比赛之前,运动员应当执行正确且充分的准备活动,热身时间应根据当天的训练或比赛强度来确定,通常在 10～30 分钟。热身的目的是提升肌肉温度,减少肌肉黏性,从而增强身体的活动性和积极性。通过在全身活动范围内进行刺激和唤醒,可以降低肌肉、肌腱、关节等软组织受伤的风险。

运动结束后,运动员应进行适当且充分的放松与恢复活动。通过实施静态拉伸、使用泡沫轴进行滚动放松等恢复方法,可以缓解肌肉紧张,预防肌肉酸痛,促进局部血液循环,加速消除疲劳和恢复,同时还能减轻精神压力。

(二)合理安排训练

合理和正确的训练安排与执行是预防运动损伤的关键措施之一。这不仅涉及选择与个人能力相匹配的动作技术,还要求注重技术动作的准确性,防止因使用不当的身体部位或运动方式而导致肌肉、关节等软组织受伤。此外,运动员还应根据自己的运动特性和体能水平,以科学和合理的方式规划运动的强度和量,以避免身体过度疲劳和重复性损伤的发生。

(三)加强自我保护意识

运动员必须掌握自我保护技巧,以防止损伤的进一步恶化。例如,在失去平衡即将跌倒时,应立即采取低头、屈肘、团身的姿势,并用肩部着地,顺着滚动方向减轻摔倒带来的冲击,而不是用直臂撑地,这可能会导致骨折或错位。

在运动过程中,合理地使用护具也是一种自我保护的手段。运动损伤防护辅助工具通常包括用于保护关节的护具和能够固定肌肉位置的肌贴。这些工具可以作为预防措施,在运动前进行准备和使用,也可以在运动损伤发生后使用,以保护受伤部位,防止进一步损伤或加重。

此外,在运动时应穿着适合运动的服装和鞋子,并注意检查锻炼场地和器械的安全性与卫生状况。这些措施有助于降低运动损伤的风险,确保运动员的健康和安全。

(四) 加强自我健康监测

运动员应加强对自身运动前后状况的自我监测,通过监测脉搏、体重、食欲、睡眠质量以及疲劳程度等指标来评估自己的健康状况。此外,定期进行体格检查和健康评估,以了解自身的健康状况和体能基础水平,这些信息可以作为制定后续运动计划的科学依据。同时,运动员应特别关注个体的薄弱环节,对那些容易受伤的肌肉和关节部位进行有针对性的训练和保护。掌握正确的急救方法,不仅有助于预防运动损伤的发生,而且在损伤发生后,可以促进损伤的积极恢复,防止受伤部位的再次损伤或伤势加重。

通过这些措施,运动员可以更有效地管理自己的健康和运动表现,降低运动损伤的风险,提高运动训练的安全性和有效性。

参考文献

[1] 阿尔比. 拉伸训练彩色图谱 [M]. 陈曦, 译. 北京: 人民邮电出版社, 2015.

[2] 陈云龙, 夏青. 校园五人制足球的特征及意义解析 [J], 中国学校体育, 2015, 2 (2): 32-35.

[3] 杜锋. 校园足球背景下高中五人制足球发展的实践研究 [J]. 新课程（下）, 2019, (11): 38-39.

[4] 冯爱民. 校园足球课程资源开发与利用的调查研究 [J]. 大连大学学报, 2014, 35 (6): 108-112.

[5] 国务院办公厅. 关于印发中国足球改革发展总体方案的通知 [Z]. 2015.

[6] 国务院办公厅. 关于强化学校体育促进学生身心健康全面发展的意见 [Z]. 2016.

[7] 胡长骏. 中国五人制足球发展现状、问题与对策 [J]. 湖北体育科技, 2018, 37 (3): 201-203.

[8] 金贤哲, 李艿松, 李柏. 五人制足球对于校园足球发展的价值研究[C]// 国家体育总局体育文化发展中心, 中国体育科学学会体育史分会. 2022年第六届中国足球文化与校园足球发展大会摘要集. 大连: 大连理工大学体育与健康学院, 2022: 1.

[9] 黎镇鹏, 潘瑞, 代为, 等. 我国校园五人制足球发展的困境与对策研究 [J]. 体育师友, 2022, 45 (3): 55-57.

[10] 林楠楠. 我国五人制足球的发展现状和对策研究 [J]. 吉林工程技术师范学院学报, 2011, 27 (3): 49-50.

[11] 柳惠斌. 校园五人足球赛的创新与普及 [J]. 教学与管理, 2019 (24): 115-117.

[12] 毛振明, 夏青, 钱娅艳. 论体教融合的问题缘起与目标指向 [J]. 体育学研究, 2020, 34 (5): 7-12.

[13] 缪伟舰. 五人制足球的发展现状与影响我国高校五人制足球发展的因素分析 [J]. 山东体育学院学报, 2008 (9): 66-68.

[14] 任定猛. 五人制足球训练比赛理论体系构建与技战术训练应用研究 [D].

北京：北京体育大学，2011．

[15] 孙千力，刘会平．校园五人制足球对学生体质健康的影响及提升策略探究［J］．当代体育科技，2023，13（5）：83－86，108．

[16] 隋虎，李键．高校推广五人制足球运动的可行性［J］．中国科教创新导刊，2011（17）：214．

[17] 索伟．浅谈中国室内五人制足球的发展现状及未来方向［J］．当代体育科技，2018，8（4）：206－207．

[18] 武斌．女子五人制足球在高校推广的可行性研究［J］．搏击（体育论坛），2010，2（10）：51－68．

[19] 汪晨阳，王一依，张朝文，等．五人制足球的特点及其在高校推广的价值［C］//国家体育总局体育文化发展中心，中国体育科学学会．第五届中国足球文化与校园足球发展大会论文摘要集．安庆：安庆师范大学，2021：1．

[20] 王奇．我国五人制足球发展现状［J］．文体用品与科技，2013（12）：26．

[21] 文建传，李映红，郑彩仕，等．大学体育与健康教程［M］．北京：北京体育大学出版社，2014．

[22] 信凯．论足球教练员应具有的基本素质［J］．才智，2016（2）：239．

[23] 夏青，刘润松，李吴琼．我国青少年五人制足球竞赛与训练体系理论及其构建研究［M］．北京：北京体育大学出版社，2018．

[24] 夏青，刘润松，李吴琼．五人制足球价值及推广策略研究［J］．体育文化导刊，2018（10）：67－71，98．

[25] 肖丽，戴俊．大学体育与健康教程［M］．南京：南京大学出版社，2021．

[26] 熊鑫，黄毅，代春玲．体教融合背景下高校高水平运动队发展的时代机遇、问题聚焦与方略举措：以湖北大学五人制足球为例［C］//湖北省体育科学学会．第一届湖北省体育科学大会论文集（第一册）．武汉：湖北大学体育学院，2023：3．

[27] 徐智鹏．校园足球背景下高校五人制足球发展研究［J］．体育风尚，2019（12）：217．

[28] 薛纪隆．"五人制"与"十一人制"足球技术表现特征及在校园足球中的应用性分析［J］．当代体育科技，2021，11（18）：75－77．

[29] 叶学球．五人制足球特点与高校推广价值的方法及策略分析［J］．当代体育科技，2014，4（26）：105－107．

[30] 应华．五人制足球在校园足球中的运用［J］．当代体育科技，2019，9（12）：64－66．

[31] 岳抑波. 高校五人制足球发展现状与对策［J］. 当代体育科技，2017，7（8）：139-140.

[32] 张宏诚. 五人制足球适宜在高校推广的因素分析［J］. 新课程学习（下），2011（2）：44-45.

[33] 张世豪，周建浩，朱邱晗. 我国近30年五人制足球的研究动态热点与发展趋势［J］. 文体用品与科技，2024（4）：68-70.

[34] 赵祚福. 试论五人制足球的特点及其在高校推广的意义［J］. 中国科技信息，2007（18）：307-308.

[35] 赵祚福. 试论五人制足球在高校推广的价值［J］. 科教文汇（中旬刊），2007（5）：109.

[36] 郑覃，夏青. 五人制足球运动员竞争意识培养策略［J］. 青少年体育，2022（8）：47-48.

[37] 仲亚伟. 对高校推广五人制足球运动的研究［J］. 科技信息，2009（22）：213.

[38] 中国足球协会. 室内五人制足球竞赛规则［M］. 北京：人民体育出版社，2015.